英語の語彙学習
あの手この手

毛利公也

ブックウェイ

正　誤　表

ページ	行	誤	正
24	6	すごいがもの	すごいもの
30	下から6	当時、	「当時、
〃	一番下	であります。	であります。」
31	15	becoems	becomes
55	下から7	昭和39年	昭和38年
59	下から2	7月22日	7月23日
63	16	あてり	あたり
〃	下から4	電子化	電子科
〃	下から2	機械化	機械科
68	下から5	Teacing	Teaching
90	下から10	神谷先生、関谷先生	神八先生、関家先生
142	19	ジャパン　イズ	ジャパン　アズ
189	19	expressin	expression
194	下から3	研究社	研究者
217	12	航空機の席はは	航空機の席は
246	下から3	花の時期	花の時季
264	12に追加		妹桂子誕生（6月22日）
〃	下から3に追加		1999　11年　母智恵子死去（3月12日、75歳）
265	下から9	川之江市	四国中央市

＊本書を読まれての感想などをお知らせください。続く第2巻に掲載させていただきたく考えております。

は し が き

　外国語の学習に成功するかどうかのカギとなるのが語彙の習得である。語彙が不足するとコミュニケーションが十分に成立しない。語彙力をつけるためにはかなり長期にわたる根気強い学習が必要である。しかし、最近の生徒の多くは学習時間が少なく、根気強く努力を続けることが苦手であり、語彙学習にはあまり興味を示さない。そこで、何か効果的な方法はないかと考え、英語の授業で試みて成果のあったいくつかの方法を紹介したいと思う。

　第1章は聞いたり話したりするコミュニケーションのための語彙学習についてである。これまでの語彙学習、特に高校における語彙学習は、読みのためのものであったように思われる。国際化時代を迎え、オーラル・コミュニケーションという科目が登場して、聞いたり話したりする活動が盛んに行われるようになると、読むための語彙学習とは違った聞き・話すための語彙学習が必要になってきている。そこで、その問題点や学習法についてまとめてみた。第2章、第3章は英字新聞を活用したリーディング学習について述べている。語彙を増やすためには、多くの英文を読むことが大切である。その意味で興味のある新聞記事を読むことは語彙力の強化に大いに役立つものと思う。第4章、第5章では意味のネットワークを考えた語彙学習を取り上げている。単語をばらばらに孤立したままで覚えようとするのは能率的でない。語と語の様々な関係を考えてネットワークを作ることで、語に対する興味も高まり語彙力もついてくるのではなかろうか。第6章はパズル・ゲームを用いた語彙学習を取り上げてみた。英語学習にあまり関心のない生徒にも、楽しみながら単語を覚えてもらおうという試みをいろいろ紹介している。福祉教育や環境教育は公民、保健、家庭などの教科・科目や総合的な学習などを中心に盛んに行われている。第7章では福祉教育への英語科の取組、

i

第8章では環境教育への英語科の取組をまとめてみた。それぞれの分野で特有の語彙が必要であり、その学習を考えねばならない。第9章は語彙学習と密接な関係にある辞書学習についてである。語彙力をつけるには辞書に親しむのがいいと思う。ここでは高校入門期に学習すべき項目や留意点をまとめてみた。第10章は書くことの語彙学習との関連で、筆者のこれまでの自己研修を振り返り、英語日記や自由英作文などの学習へのヒントを考えてみた。

　本書は、現場で試行錯誤しながら考え実践してきたことをまとめたものであるので、体系的な語彙学習の本にはなっていないが、これから現場で指導される先生方や学習者の皆さんにいろいろなヒントを提供することができると確信している。

　2003 年 11 月

毛　利　公　也

改訂に際して

　発刊以来 11 年が過ぎたが、全国でかなり多くの方々がこの本の講読を希望していただいていることを知り、改訂版として発刊することにした。初版では、主として高校の英語科教員を対象としたものであったが、今回の改訂に際してはさらに広く大学受験生や英検、TOEIC、TOEFL 等の受験者にも役立つように学習者への参考書となるように、また現行の学習指導要領にも対応するよう加筆した。さらに、早期英語教育にも役立つよう 1 章を書き加え、福祉教育に関する章は割愛した。学習者にも指導者にも十分に活用していただけることを願っている。なお、本書で「新課程」と言っているのは、高校における 2002（平成 14）年のものである。

　2015 年 7 月

毛　利　公　也

目　　次

はしがき　i

第1章　コミュニケーション能力を高める語彙学習

　1　はじめに

　2　コミュニケーションのための英語学習 …………………… 4

　　(1)　コミュニケーション能力育成の重要性　4

　　(2)　「オーラル・コミュニケーション」の目指すもの　4

　　(3)　コミュニケーションにおける語彙の重要性　5

　3　語彙学習の在り方と問題点 ……………………………… 6

　　(1)　語彙学習の在り方　6

　　(2)　語彙学習の問題点　9

　4　コミュニケーション活動と語彙学習…………………… 18

　　(1)　語彙学習の現状　18

　　(2)　オーラル・コミュニケーション教科書の語彙力増強への配慮　19

　　(3)　学習辞典のコミュニケーション活動への配慮　23

　　(4)　語彙学習の位置付け　28

　　(5)　スピーキングと語彙学習　30

　　(6)　リスニングと語彙学習　37

　5　おわりに ………………………………………………… 40

第2章　英字新聞を活用したリーディング学習

　1　はじめに ………………………………………………… 49

　2　読むことのコミュニケーション ……………………… 49

　3　英字新聞の活用 ………………………………………… 51

　　(1)　英字新聞活用の意義と学習の段階　51

　　(2)　見出しについての学習　53

v

(3)　リードと本文の内容理解の学習　53

　　(4)　英字新聞に対する生徒の興味　55

　　(5)　生徒の反応　57

　4　おわりに …………………………………………………………… 60

第3章　英字新聞の見出しと略語の学習

　1　はじめに ………………………………………………………… 63

　2　英字新聞利用の意義 ………………………………………… 63

　3　英字新聞の見出しの特徴 ………………………………… 65

　4　英字新聞頻出の略語の学習 …………………………… 66

　　(1)　略語の分類　66

　　(2)　英語教科書の略語　67

　　(3)　高校生の略語に対する知識　67

　　(4)　略語の学習　69

　5　生徒の反応 ……………………………………………………… 71

　6　おわりに ………………………………………………………… 72

第4章　意味のネットワークを考えた語彙学習

　1　はじめに ………………………………………………………… 77

　2　生徒の語彙学習についての実態 ……………………… 77

　3　意味のネットワーク ………………………………………… 79

　4　ネットワーク化を促進する活動 …………………… 81

　　(1)　語彙及び話題の予測　81

　　(2)　類似関係　82

　　(3)　意味による語のグループ化　84

　　(4)　関連語　84

　5　おわりに ………………………………………………………… 89

第5章　意味のネットワークによる語彙の整理と拡大

　1　はじめに ……………………………………………………………… 91

　2　語彙学習の重要性 …………………………………………………… 91

　3　大学入試と語彙学習 ………………………………………………… 92

　4　語彙の整理と拡大 …………………………………………………… 93

　　(1)　上位語と下位語、全体語と部分語　94

　　(2)　語のネットワークと連想のチェーン　94

　5　学習の実際 …………………………………………………………… 94

　　(1)　上位語と下位語　96

　　(2)　全体語と部分語　97

　　(3)　枝分かれ図　98

　　(4)　連想のチェーン　98

　　(5)　語のネットワーク　100

　6　生徒の反応 …………………………………………………………… 100

　7　おわりに ……………………………………………………………… 102

第6章　パズル・ゲームを用いた語彙学習

　1　はじめに ……………………………………………………………… 103

　2　パズルやゲームの効用 ……………………………………………… 103

　3　教科書における語彙パズル ………………………………………… 105

　　(1)　オーラル・コミュニケーションⅠ　105

　　(2)　英語Ⅰ　106

　4　パズル・ゲーム活用の実際 ………………………………………… 107

　　(1)　語彙の範囲を限定しやすいもの　107

　　(2)　語彙の範囲を限定しにくいもの　111

　5　おわりに ……………………………………………………………… 116

vii

第7章　環境教育と英語の学習

　1　はじめに ………………………………………………………… 117

　2　英語学習における環境教育 …………………………………… 117

　　(1)　検定教科書における環境教育に関する題材　117

　　(2)　川之江高校での取組　121

　3　おわりに ………………………………………………………… 126

第8章　高校入門期における辞書学習

　1　はじめに ………………………………………………………… 133

　2　辞書学習で配慮すべき点 ……………………………………… 133

　　(1)　見出し語　133

　　(2)　発音記号　135

　　(3)　音節とアクセント　135

　　(4)　品詞　136

　　(5)　熟語・熟語的表現　136

　　(6)　語義と用例　137

　3　電子辞書と紙の辞書 …………………………………………… 139

　4　おわりに ………………………………………………………… 142

第9章　書くことの自己研修

　1　はじめに ………………………………………………………… 145

　2　英文日記46年 …………………………………………………… 145

　3　英文日記への誘い ……………………………………………… 148

　4　英作文修行30年 ………………………………………………… 151

　5　和文英訳と和英辞典 …………………………………………… 156

　6　自由英作文 ……………………………………………………… 157

　7　英語ニュースのディクテーション50年 …………………… 160

　8　ディクテーション活動再考の必要性 ……………………… 161

9 おわりに ……………………………………………… 162

第10章　小学校の英語学習と語彙

初出誌一覧 ……………………………………………… 168

参考文献 ………………………………………………… 169

英語の語彙学習　あの手この手

第1章　コミュニケーション能力を
高める語彙学習

1　はじめに

　日本が経済大国になり、海外の人々との交流がしだいに盛んになり、また、交通・通信手段の発達に伴って、世界がますます狭くなってきている。このような状況の下で国際化が叫ばれ、教育界においても国際社会で活躍する日本人の育成を目指し、様々な取組がなされている。その一つが高校における「オーラル・コミュニケーション」という科目の設置である。英語によるコミュニケーション能力は、これからの日本人にとって重要な資質となろうとしているからである。既にその学習が開始されて20年以上が経過し、指導法も定着してきているものと思われる。

　ところで、コミュニケーション能力を構成する要素に語彙力があるが、従来の語彙学習はたいていの場合読解力向上のための学習であった。オーラル・コミュニケーションの能力の向上を考える場合には、これまでの文字による受信型の語彙力ではなく、音声面も考慮した発信型の語彙力の学習を考えねばならない。そこで本章においては、まず、コミュニケーション能力について考え、「オーラル・コミュニケーション」との関連において語彙学習のあり方や具体的な指導方法を考えてみたい。また、オーラル・コミュニケーションの教科書や学習辞典を分析し、語彙力向上についてどのような配慮がなされているかも見てみたいと思う。

2　コミュニケーションのための英語学習

(1)　コミュニケーション能力育成の重要性

　さて、コミュニケーション能力とはどのような能力であろうか。以前は、コミュニケーション能力とは、言語を正しく操作できる能力であると狭くとらえられていた。しかし、社会言語学や語用論の台頭により、言語能力には文法的に正しい文を作り出す能力に加えて、言語を場面や状況に応じて適切に使う能力を含むべきだとされるようになってきた。この考えをさらに発展させて、Canale（1980：1-47）は、コミュニケーション能力とは、文法能力、社会言語的能力、談話能力、方略的能力の四つの下位区分から成っていると考えた。大下（1996：14）は、さらに流暢さという能力にも注目し、コミュニケーション能力を「言語を正確に、適切に、しかも流暢に操れる能力」であると定義している。

　我々の学習は文法にしろ語彙にしろ、ともすると場面から遊離しがちであり、正確さを求めるあまり流暢さに欠けるものになりがちであるので、コミュニケーション能力の育成においては、これらの点に十分留意しなくてはならない。

(2)　「オーラル・コミュニケーション」の目指すもの

　言語の本質は音声であるという基本的な考えと国際化の波という時代の要請により、上記のようなコミュニケーション能力の育成を目指して、平成6年度からスタートした「オーラル・コミュニケーションA、B、C」は、平成15年度からの新課程においては「オーラル・コミュニケーションⅠ、Ⅱ」となった。その目標はそれぞれ下記のとおりである。

　「オーラル・コミュニケーションⅠ」

　　　日常生活の身近な話題について、英語で聞いたり話したりして、情報や考えなどを理解し、伝える基礎的な能力を養うとともに、積極的にコミュニケーションを図ろうとする態度を育てる。

　「オーラル・コミュニケーションⅡ」

幅広い話題について、情報や考えなどを整理して英語で発表したり、話し合ったりする能力を伸ばすとともに、積極的にコミュニケーションを図ろうとする態度を育てる。

Ⅰ、Ⅱいずれの科目においても、英語を聞き取ったり、情報や自分の考えなどを発表する能力を養うとともに、積極的にコミュニケーションを図ろうとする態度を育てることをねらっている。外国人と英語でコミュニケーションを図ろうとする際には、間違いを恐れず、英語をどんどん使って自分の言いたいことを何とか伝えるという積極性が必要である。影浦（1996：15）は、「口頭によるコミュニケーションに見られる『恥ずかしさ』とか『照れ』とか『遠慮』とかの日本人の心理を克服するとともに、『正しくなければ英語ではない』というaccuracy重視の発想から、『通じなければ、英語ではない』というcommunicability重視の認識への転換こそが大切である」とし、これからの英語学習には英語を使うことへの積極性が必要であることを訴えている。

(3) コミュニケーションにおける語彙の重要性

適切な語を知らないためにコミュニケーションがうまくいかないことが少なくない。Vocabulary is basic to communication（Krashen & Terrell,1983：155）と言われているように、コミュニケーションを行うには、語彙が不可欠であり、語彙力がなければコミュニケーション活動への積極的な参加は期待できない。我々の英語学習はともすると、文法や構文の学習が中心となり、語彙力増強は学習者の努力にまかせられる傾向がある。今後、特にコミュニケーションのための語彙学習を考えるとき、このような傾向を改め、語彙増強のための計画的、体系的学習を考えなければならない。

これまでも高校の英語学習においては、語彙学習はかなり行われてきたと思われるが、それはたいていの場合読解力のための学習であり、聞いたり、話したりするコミュニケーションのための語彙学習はあまり考えなかったのではあるまいか。「オーラル・コミュニケーション」の学

習においては、このような語彙を、聞いて意味が分かる聴覚語彙、話す際に使える口頭語彙にする学習が必要になる。そして、それぞれの学習においては、読解力のための視覚語彙とは違った学習の工夫が必要であろう。

3　語彙学習の在り方と問題点

(1)　語彙学習の在り方
a　語を知っているとは

　語彙学習を考える際に、単語力とは何か、単語について何を学習するのかということをはっきりさせておかねばならない。ある単語を知っているということは何を意味するのであろうか。もちろん意味が分からねばならないが、正しく発音できるとか、その背景的知識があるということなどが含まれる場合もあろう。「英単語を知っているとはどういうことか」ということについての高校生（3年生）に対する筆者の調査（1994：36）では、次のような回答が得られた。

　　　・意味を日本語で言える。
　　　・聞いて分かる。
　　　・発音やアクセントを知っている。
　　　・つづりを書くことができる。
　　　・品詞を知っている。
　　　・過去形などの活用形を知っている。
　　　・文脈の中で適切な意味が分かる。
　　　・どんな時に用いるか適切な使い方を理解している。
　　　・必要な時には条件反射的に口から出てくる。
　　　・意味の上で関連する語が分かる。
　　　・空所補充の問題において反射的に答えが出てくる。

　多くの生徒の考えの中から適切と思われるものをまとめたわけであるが、かなり核心にせまるものと言えよう。

第1章　コミュニケーション能力を高める語彙学習

　Wallace（1982：27）は、単語を知っていることについて、次の九つの能力を挙げている。

①　話された時、あるいは書かれた時にその語を認識できる。
②　意のままに思い出すことができる。
③　適切な対象物や概念と関連づけることができる。
④　適切な文法形式において使用できる。
⑤　話す場合には、人に分かるように発音できる。
⑥　書く場合には、正しくつづることができる。
⑦　正しい連語関係で使うことができる。
⑧　その場面にあった適切な丁寧さで使うことができる。
⑨　言外の意味や連想するものが分かる。

　さらに、Nation（1990：31）は、Knowing a Wordとして、表1のように、受信の場合と発信の場合に分けて、質問の形でその知識を示している。Wallaceのものとほとんど重複するが、「頻度についての知識」はWallaceにはないものである。その他の知識としてはその語の適切な意味のネットワークや特徴を知っていることや、語形成の知識などが考えられる。要するに、その単語の意味やイメージが把握され、文法・語法上正しく使うことができ、発音やつづりも正しくできることが必要である。さらに、その語の含意やその語から連想されるものが分かること、派生語や語源の知識も関連してくる。結局、ある語について、意味上、統語上、語用上完全に使いこなせてやっと、「その語が分かった」と言えるのである。しかし、学校の指導では時間も限られており、すべての語についてこのような完全な知識を身に付けさせることは不可能である。深く理解させる語と浅い理解にとどめる語、発表段階にまで高める語と理解にとどめる語など、学習の段階を区別する必要がある。

7

表1　語を知っているとは

形態		
話される場合	（受）	どのように聞こえるか
	（発）	どのように発音されるか
書かれる場合	（受）	どのように見えるか
	（発）	どのように書かれ、つづられるか
位置		
文法上の型	（受）	どんなパターンで表れるか
	（発）	どんなパターンで使わねばならないか
連語	（受）	その語の前後にどのような語がくるか
	（発）	どのような語とともに使うか
機能		
頻度	（受）	どのくらい一般的か
	（発）	どのくらいの頻度で使うか
適切さ	（受）	どんな場面でこの語に出会うと予測できるか
	（発）	どんな場面でこの語を使えるか
意味		
概念	（受）	どんな意味か
	（発）	その意味を表現するためにどの語を使うべきか
連想	（受）	他のどんな語をその語から連想するか
	（発）	その語の代りにどんな語を使うことができるか

※（受）受信の場合　（発）発信の場合

b　意味を理解させる方法

　このように、「ある単語を知っている」ということは、多くのことを意味しているが、コミュニケーションの手段として考えるとき、語の意味を正しく分からせることが大切である。生徒にある語の意味を正確に理解させるにはどうすればいいのだろうか。その方法として、Nation（1990：51）は、次のような方法を挙げている。

　実演や絵によって

　　①　物を用いて

　　②　ある形に切り抜いたものを用いて

③　身振りによって

④　ある動作をすることによって

⑤　写真

⑥　黒板に描いた絵や図

⑦　本に出ている絵

言葉による説明で

⑧　分析的定義

⑨　定義を与えるような文脈に新語を置くことによって

⑩　別の言葉に訳すことによって

　また、Gairns and Redman（1986：73-85）は、意味を伝える方法を次のように分類している。

伝統的な提示法（主として教師主導）

　・視覚的技法（フラッシュカード、写真、黒板に描いた絵、実物など）

　・言葉を用いた技法（場面・状況の説明、同意語、反意語、定義など）

　・翻訳

生徒中心の学習

　・他の人（教師や他の生徒）に尋ねる

　・辞書の使用

　・文脈からの類推

　意味を理解させる指導においてどの方法を用いるかは、新出語の種類、生徒の年齢やレベルなど様々な要因を考えて最も効果的な方法を選ばねばならない。具体的な物を示す語と抽象的なことを述べる語、中学生と高校生、英語力のレベルなどで当然その方法は変わるはずである。

(2)　語彙学習の問題点

　ここで、語彙学習に関する問題点を明らかにしておきたい。

a　学習語彙数の減少

　中学校、高校で学習する語彙数は減少の一途を辿っている。江利川（2002：31）の指摘を待つまでもなく、50年前には中高の6年間で上

限 6,100 〜 6,800 程度だった新語数はその後一貫して削減され続け、21
世紀の子どもたちには、2,700 語程度しか教えられない（表 2 参照）。

　さらに、中学を含めたこれまでの課程と 2002/03 年度からの新課程の
科目別の学習語数を比較すると表 3（河合塾、2002：440 改）の通りで
ある。中学および高校の英語 I で 200 語程度語数が削減され、ライティ
ングで扱われる語彙も新課程では英語 I の範囲となり、文字を媒体とす
るコミュニケーション活動もよりレベルの低いものになる恐れがある。

　なお、現行の指導要領下では語数増加に転じている。

表 2　指導要領に記された新語数

指導要領の年次	中学校	高等学校	合計
1951［日本語版］	1,200 〜 2,300	2,100 〜 4,500	3,300 〜 6,800
1951［英 語 版］	1,200 〜 2,100	2,100 〜 4,000	3,300 〜 6,100
1958/60	1,100 〜 1,300	1,500/3,600	2,600 〜 4,900
1969/70	950 〜 1,100	1,200 〜 1,500/2,400 〜 3,600	2,150 〜 4,700
1977/78	900 〜 1,050	1,400 〜 1,900	2,300 〜 2,950
1989/89	1,000	1,900	2,900
1998/99	900	1,800	2,700

（注）「年次」中の斜線の区切りは左が中学、右が高校。「高等学校」中の斜線
　　　の区切りは左がいわゆる就職コース、右が進学コース。

表 3　旧課程と新課程の指導語数

語数	旧 課 程		新 課 程		新旧課程の語数差	
	指導語数	累計	指導語数	累計	科目差	累計差
中　学	1000 語（うち必須語 507 語）	1000	900 語（うち必須語 100 語）	900	− 100 語	− 100 語
英語 I	中学＋ 500 語	1500	中学＋ 400 語	1300	− 100 語	− 200 語
英語 II	英語 I ＋ 500 語	2000	英語 I ＋ 500 語	1800	−	− 200 語
リーディング	英語 I ＋ 900 語	2900	英語 I ＋ 900 語	2700	−	− 200 語
ライティング	英語 II の範囲	−	英語 I の範囲	−	−	−

（注）語数の累計は英語 I →英語 II →リーディングの順に履修した場合を想定。

b 語彙学習への興味の欠如

進研模試問題編集室による「平成10年度進度調査アンケート結果報告」によると、全国の高校の英語教師の、平成6年度施行の学習指導要領下における課題意識として最も率の高いのが、基本的な文法と語彙力に対するものである（表4参照）。

表4 平成6年度施行指導要領下での課題意識

基本的な文法・語彙力	79.0%
スピーキング力	52.5
平常授業のオーラル学習	47.8
入試の新傾向対策	64.3

また、愛媛県の教師の、オーラル・コミュニケーションの指導に関する意識は資料1（p.41）からも分かるように、文法力の重要性を「大いに感じる」＋「感じる」が41.9%であるのに対して、語彙力の重要性を「大いに感じる」＋「感じる」は、実に98.2%と極めて高い率を示している。

一方、生徒の意識のほうは、表5のアンケート結果が示すように、「聞く・話すこと」については関心度が高く、英語を学習する高校生の英会話志向の傾向は変わらず強いと言える。これに対して、語彙力増強への関心は非常に低い。この表から分かるように、「話すこと」はかつての勤務校（川之江高校）では8年間ずっと1位であり、「聞くこと」も平成9年の3位以外は2位を続けている。前任校（新居浜西高校）においても、「聞くこと」は2～4位を行き来しているが、「話すこと」は12年間を通じて常に1位である。一方、「単語を覚えること」は逆で、前任校では、「その他」を除いて最も人気がなかった。現在校の生徒もあまり興味は示していなかったようである。

このような状況であるので、コミュニケーション能力向上という生徒の願望を実現するためには、語彙力をつける指導の工夫がどうしても必要になってくる。

表5　英語学習において興味を持っている活動

（数値は各年度ごとの順位）

高　　校	新居浜西高校												川之江高校							
年　　度	S57	58	59	60	61	62	63	H1	2	3	4	5	6	7	8	9	10	11	12	13
聞くこと	4	4	4	2	2	3	4	3	3	4	3	3	2	2	2	3	2	2	2	2
話すこと	1	1	1	1	1	1	1	1	1	1	1	1	1	1	1	1	1	1	1	1
音読すること	6	6	7	6	6	7	6	7	7	8	7	7	6	6	6	7	6	6	6	7
物語などを読むこと	3	3	3	3	4	2	2	2	2	3	2	2	3	4	4	4	5	3	3	4
書くこと	5	5	5	5	5	5	5	5	5	5	5	5	4	5	3	4	4	5	5	5
単語を覚えること	7	7	8	8	8	8	8	8	8	7	8	8	7	7	7	6	7	7	7	6
文法を学習すること	8	8	7	7	6	6	7	6	6	6	5	6	8	8	8	8	8	8	8	8
日本語に訳すこと	2	2	2	4	3	4	3	4	4	2	4	4	5	3	5	2	3	4	4	3
その他	9	9	9	9	9	9	9	9	9	9	9	9	9	9	9	9	9	9	9	9

（注1）S57〜H5年度は新居浜西高校普通科の、H6年度からは川之江高校の
　　　　2年生全員に対する調査である。
（注2）数値は、羽鳥・松畑（1980：199）の方法により、最も興味のあるもの
　　　　を三つ選び順位をつけさせ、1位3点、2位2点、3位1点として合計
　　　　を出し、その順位を示したものである。

c　日常生活用語の不足

　生徒の語彙力の乏しさは、教科書に表れる新語の数と関係があると思われる。中條ほか（1993：14-16）が、日本と米国の教科書の語彙の比較研究を行っているが、そこでは量的な違いと質的な違いが指摘されている。量的には異語数の差が圧倒的であるということである。日本の教科書では、高校3年まで勉強してもわずか3,483語にしかならないが、米国の教科書では、中学2年生で1万4694語に達する。つまり、日本の中・高教科書のほぼ4倍である。質的な特徴の中で最も重大な問題点は、日本の教科書では図1に見られるように日常生活用語が著しく少ないことである。これは国際化した今日、留学やホームステイ（する場合もさせる場合も含めて）、海外勤務などが珍しいことではなくなっていることを考えると、早急に改善する必要があろう。

第1章 コミュニケーション能力を高める語彙学習

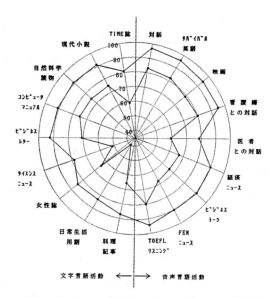

（内側の折れ線：日本の教科書、外側：米国教科書）
図1　日米教科書語彙の比較（中條ほか、1993）

　さらに、英語を母語としてではなく、外国語として学習する国々の教科書と日本の教科書との語彙の比較をした研究（本間、1984：193-198）がある。日本の中学校英語教科書5種類と外国の英語教科書5種類（西ドイツ2種、フランス2種、ソ連1種）の語彙を比較検討したものである。その分析の中で外国の教科書では多く扱われているが、日本の教科書ではあまり扱われていない語に注目してみたい。外国の教科書4～5種類で扱われているが、日本の教科書では2～0種類、外国の教科書では3種類で扱っていて、日本の教科書では1～0種類しか扱っていない単語が抽出されているが、その語数は全部で572語である。さらに枠を狭めて、外国の教科書では4～5種類で扱われているのに、日本の教科書では全く扱われていない語を抽出すると次の106語である。

　　　add, anyway, attention, baker, banana, band, basket, bedroom,
　　beef, beer, bike, biscuit, blazer, boil, bookcase, boot, carpet, castle,

centre, choose, cigarette, cinema, circus, command, complete, cost, cricket, cupboard, dentist, describe, downstairs, dry, extra, fat, film, flat, fridge, furniture, garage, gas, gate, gentleman, geography, grey, hang, headache, ice-cream, inspector, jacket, knee, land, leather, mail, match, maths, metal, might, mum, neither, nor, note, officer, pack, parcel, passenger, pea, penny, petrol, phone, pipe, plate, platform, pony, porter, post-office, programme, raincoat, rather, reporter, result, roll, serious, shirt, smoke, sock, sofa, sort, special, spell, stairs, strike, stupid, suit, sweep, switch, television, set, term, ticket, toast, tomato, travel, trousers, tyre, upstairs, van, wet

これらの語の多くが日常生活でよく使用されるものであるので、本間（前掲書）が指摘しているように、教室における言語活動の幅を広げるには、いかに適切な語彙を補充するかが問題になるが、上記のような語が補充する語の一つの目安となるであろう。

このような日常生活用語の英語での表現力を、筆者の勤務校においても調査してみた。主としてオーラル・コミュニケーションの教科書の巻末などにある「日常の身近な場面で使われる単語」のリストから、学校生活に関するもの約半分とその他日頃の生活で身近な語を併せて25語選び、英語で書かせてみた。その結果をまとめたものが表6「日常生活用語に関する調査結果」である。普通の単語テストと違うのは、スペリングが間違っていてもかまわないし、仮名でもかまわないということにし、発音してみて通じそうなものは、「口頭語彙」としては正解とした。合計欄の括弧内は「作文語彙」－スペリングも正しく書けたもの－である。調査対象は、1、2、3年生とも国公立の大学進学を目指す生徒の属するクラスであり、実施時期は1997年1学期末である。全体的にみると、口頭語彙は作文語彙の約2倍の正答率を示している。口頭語彙では、25語のうち17語が学年が進むにつれて正答率が高くなっているが、7語については3年生よりも2年生が高い率を示している。これは、教

材の違い等による学習機会の多少によるものであろう。合計でみると、四つの語を除いて、25％以下、半数が10％以下の正答率であり、やはり生活用語の語彙力が不足していることは明白である。

表6　日常生活用語に関する調査結果
（口頭語彙正答率、括弧内：作文語彙正答率、単位％）

	1年(120名)	2年(124名)	3年(125名)	合計(369名)
消しゴム	65.8	74.2	81.6	74.0 （ 30.6)
小学校	49.2	68.5	63.2	60.4 （ 30.1)
石鹸	20.0	41.1	64.0	42.0 （ 22.0)
体育館	20.8	62.1	21.6	35.0 （ 21.4)
学期	1.7	43.5	24.8	23.6 （ 16.5)
校長先生	4.2	28.2	35.2	22.8 （ 12.5)
掃除機	13.3	25.0	28.8	22.5 （ 12.2)
はさみ	5.8	13.7	45.6	22.0 （ 0.5)
歯科医	6.7	40.3	16.0	21.1 （ 16.3)
交差点	13.3	20.2	19.2	17.6 （ 10.0)
休憩時間	7.5	12.9	23.2	14.6 （ 13.3)
体育	1.7	1.6	32.0	11.9 （ 8.7)
枕	3.3	4.0	14.4	7.3 （ 1.1)
電卓	0	4.8	16.0	7.0 （ 0.5)
時間割	1.7	2.4	15.2	6.5 （ 2.7)
期末考査	0	5.6	8.8	4.9 （ 4.1)
幼稚園	0.8	5.6	4.0	3.5 （ 0)
救急車	0	3.2	4.8	2.7 （ 0)
シャープペン	1.7	2.4	4.0	2.7 （ 0)
クリーニング屋	0	2.4	2.4	1.6 （ 0)
家庭科	0	1.6	0.8	0.8 （ 0.8)
自動販売機	0	0	2.4	0.8 （ 0.5)
食中毒	0	0.8	0.8	0.5 （ 0.3)
蛇口	0	0	0.8	0.3 （ 0)
教頭先生	0	0	0	0 （ 0)
計	217.5	464.1	529.6	406.1 (204.1)

d 「オーラル・コミュニケーション」の履修学年

　1997（平成9）年7月にオーラル・コミュニケーションの学習に関するアンケートを愛媛県の県立高校（全日制の本校55校）に依頼し、各校の先生方のご協力のおかげで、すべての学校から回答をいただいた。その集計結果から明らかになった学習上の問題点としてオーラル・コミュニケーション履修の学年を見てみよう。

　オーラル・コミュニケーション履修生徒数は表7、8のとおりで、オーラル・コミュニケーションA（以下OCAと略す。同様に、オーラル・コミュニケーションB、CはそれぞれOCB、OCCとする。）では2年生の比率が高いが、OCBでは1年生が圧倒的に高い率を占め、OCA、OCB、OCC全体で約3分の2が1年生で履修していることが分かる。実業科では、2年生、3年生で履修する率が高いが、普通科の場合は、

表7　オーラル・コミュニケーション履修状況学年別比率

	OCA	OCB	OCC	合計(%)
1年	36.2	89.1	0	66.5
2年	40.8	8.1	100.0	22.3
3年	23.0	2.8	0	11.2

表8　オーラル・コミュニケーション履修生徒数

		OCA	OCB	OCC	合計(人)
普通科	1　年	1,508 *	7,120 ※	0	8,628
	2　年	784	462 *	80	1,326
	3　年	34	13	0	47
実業科	1　年	661	239	0	900
	2　年	1,681	206	0	1,867
	3　年	1.348	219	0	1,567
合　計	普通科	2,326	7,595	80	10,001
	実業科	3,670	664	0	4.334

＊総合学科を含む　　※理数科を含む

実に 86.3％が１年生で履修している。これは、大学入試の指導を考えて教育課程を組んだためと思われる。また、OCBを履修させている学校が多いのも学習がよりしやすく思われたことと、OCA、OCCより入試に役立つのではないかと考えていたためであろう。しかし、１年生での履修には指導上問題が生じる可能性があった。

　以前の学習指導要領では、「オーラル・コミュニケーション」の言語材料のうちで、語については、中学で学習した語（約1000語）と「英語Ⅰ」の500語程度までの新語を加えた数に、さらに500語程度までの新語を加えた数の範囲ということになっていた。つまり、「英語Ⅱ」と同じ語数である。これを多くの場合１年生で履修したのである。１年生は一般に語彙力は２、３年生に比べてかなり劣る（表６参照）。「英語Ⅰ」を習い始めた生徒が、「英語Ⅱ」の範囲の語を用いて、オーラル・コミュニケーションの学習をしなければならないとすれば、どうしても無理があると思う。実業科の履修者数は２年、３年、１年の順であり、「英語Ⅰ」を履修してから、オーラル・コミュニケーションを取る生徒が多いことになるが、一般的に言って、実業科の生徒は単位数も少なく、２、３年生になっても語彙力はあまり期待できない。そこで、オーラル・コミュニケーションにおける語彙学習の必要性が生じてくるわけである。

　これは、愛媛県の各高校へのアンケートによっても明らかである。コミュニケーション活動のうちでは、productiveな活動には文法力、receptiveな活動には語彙力が大きな役割を果たすと言われるが、既に述べたように、愛媛県の高校については、オーラル・コミュニケーションの学習においては、文法力の重要性を「大いに感じる」＋「感じる」と答えた学校が41.9％であるのに対して、語彙力の重要性を「大いに感じる」＋「感じる」と答えた学校は実に98.2％であった。このことからも、各校がオーラル・コミュニケーションの学習において、語彙力の重要性を痛感していることが明らかである。

　2003（平成15）年度実施の指導要領におけるオーラル・コミュニケーションⅠ（以下OCⅠ）では、この点は改められた。OCⅠで用いられ

る語数は英語Ⅰと同じで、中学校で学習した語に400語程度の新語を加えた数、つまり、1300語程度の語数ということになる。ただ、英語ⅠとOCⅠとの単位数の相違を考慮して、400語程度の範囲内で、どの程度にするかを決定することが大切であり、また、OCⅠという科目の目標を考えて、その目標を達成するために行われるコミュニケーション活動にふさわしい語を積極的に取り上げることが必要である。

4　コミュニケーション活動と語彙学習

(1)　語彙学習の現状

　このような問題点を克服し、語彙力不足を解消するためには、その学習が必要であるが、愛媛県の高校では約半数（51.0％）の学校がオーラル・コミュニケーションの学習の中で語彙力を高める学習を、いつも、あるいは、時々していると答えている。一方、半数近くの47.2％があまりしていない、または、していないと答えている（資料１参照）が、このような学校は、英語Ⅰ、Ⅱなど他の場面での語彙学習に頼っているのではなかろうか。学習をしていると答えた学校に対しては、具体的にどのような学習をしているか尋ねてみた。主な学習活動は次のようである。

　　　・その課、その場面に関連する語を補充する。（8校）
　　　・教科書の単語の外にプリント等で身近な英語をプラスして教える。
　　　　　　　　　　　　　　　　　　　　　　　　　　　　　　　（2校）
　　　・単語テスト（筆記）（7校）
　　　・単語テスト（聞き取り）（2校）
　　　・繰り返して聞かせ、説明して、生徒にrepeatさせて定着を図る。
　　　・聞かせたり、発音させたり、書かせたりして。
　　　・パターン・プラクティスを行って覚えさせる。
　　　・必要な単語・熟語等の入っている文を覚えさせる。
　　　・その時間に教科書や応用で出てきた単語を覚えさせる。
　　　・英単語を英語で説明して理解させるように努めている。

第1章　コミュニケーション能力を高める語彙学習

・新出の単語や連語、同意表現を使って、スキットを作らせたりする。

・その単語の使われている場面に留意させる。

・教科書にリストアップされている単語の確認

・入試のオーラル・コミュニケーション問題対応のイディオム学習など
関連語を補充するという学校が多いが、語彙力増強には大切なことで
ある。教師が与えるだけでなく、生徒に考えさせ、集めさせることもできる。
さらに発展させ、語のネットワークを作らせたり、あるいはブレイン・ス
トーミングにより、関連した語を思い浮かべ、その語を用いて対話文やス
キットを作り、コミュニケーション活動へと高めていくこともできる。単
語テストを実施している学校も多いが、従来のように単語集を与え、範
囲を決め、覚えてくるように言うだけでは不十分であろう。オーラル・コ
ミュニケーションにおいて役立つような聴覚語彙、口頭語彙にするために
は、実際にその語が文章の中で使われるのを聞いたり、自分で相手との
やりとりの中で使ってみるなどの機会を持つような学習が必要であろう。

　具体的な指導法を考える前に、オーラル・コミュニケーション A、B
の教科書の語彙力増強への配慮と学習辞典のコミュニケーション活動へ
の対応を見てみたい。

⑵　オーラル・コミュニケーション教科書の語彙力増強への配慮

　上記の中條ほかの研究に用いられた教科書は英語Ⅰ、Ⅱ、ⅡBであ
るが、オーラル・コミュニケーションの教科書においては、どのような
語彙面への配慮がなされているかを調べてみた。OCA の教科書16種類、
OCB の教科書17種類を調べて、その結果をまとめたのが表9である。

　　①　表の「各課使用語・語句」欄は、モデルとなる対話文や、聞き
　　　取りの教材に対する語彙面への配慮についてである。○はそれぞ
　　　れのページに発音や意味が示されていることを示しており、◎は
　　　特に詳しいものである。◇はそのような語や語句を巻末にまとめ
　　　ているものである。（固有）は固有名詞のみ、（語句）は語句のみ
　　　が示されていることを表している（資料2⑴参照）。

19

表9　オーラル・コミュニケーションA、B教科書の語彙学習への配慮

教科書	各課使用語・語句		関連語	活動用語彙リスト	絵　図	音声面
	発　音	意　味				
A01	×	○	×	○	×	○
A02	◇(固有)	◇(語句)	×	×	×	×
A03	○	○	×	×	×	×
A04	×	×	◎	×	×	×
A05	○	×	×	○	×	◎
A06	×	×	×	○	×	○
A07	×	○	○	○	○	○
A08	×	○	×	×	×	○
A09	○	×	○	×	◎	×
A10	×	○	○	×	×	○
A11	×	◇	×	○	×	○
A12	×	○	×	×	×	○
A13	○	語句	×	×	○	×
A14	×	×	×	◎	×	○
A15	◇	◇	×	×	×	○
A16	○	○	×	○	○	×
B01	×	○	○	×	×	○
B02	◇	◇	×	×	×	×
B03	◎	◎	○	×	×	×
B04	×	○	×	×	×	○
B05	×	○	×	×	×	○
B06	◇	◇	○	×	×	○
B07	×	○	○	×	×	○
B08	×	○	○	×	○	○
B09	×	×	○	×	×	×
B10	○	◇	×	×	×	○
B11	○	○	×	×	×	○
B12	○	○	×	×	×	○
B13	×	○	○	×	×	○
B14	×	×	×	×	×	×
B15	○	×	×	×	○	×
B16	×	×	○	×	×	○
B17	○	○	×	×	×	○

②「関連語」は WORDS & PHRASES や WORD BOX などの欄を
設け、その課の内容と関連した語をさらに与える工夫がなされて
いるものである。例えば、天候についての内容であれば、モデル
の文に出てくる語以外にさらに天候に関する語を与えている（例：
資料2(2)「道に関連する語句」）。

③「活動用語彙リスト」は、日常の身近な場面でよく使われる語を
巻末などにまとめてリストにしたもの－用語集－である。教科書
によって、「活用語い」、「単語110番」、「Words,Words,Words」
などの名前がついている、資料2(3)にはそのごく一部だけを示し
ている。職業の外に、学校行事・学校生活、クラブ活動、科目、
建物、食べ物、衣服、髪型、性格、病気、星座、祭日・行事など
全部で500〜550語（句）を示している。

④「絵図」は表紙の裏の見開きなどに掲載されている絵に英語での
言い方（単語）を示したもので、カラーの場合が多い。例えば、
街の通り、家の内部、部活動のいろいろ、学校・教室、衣料品店、
動作、職業、野菜、天候（資料2(4)）など。

⑤「音声面」への配慮として、例えば、「発音のまとめ」として、
ストレスとリズム、イントネーション、母音と子音、語と語が結
び付いて、なくなる音、つながる音、変わる音などを例とともに
示している（資料3参照）。

①については、十分な語彙力のついていない1年生で履修することが
多いということを考えれば、もっとこのような配慮が欲しい。②も語彙
力の拡大、増強のためには有効であり、授業の活性化にも役立つはず
である。OCAで31.3％、OCBで47.1％であるが、もっと多くの教科書
にこのような欄が望まれる。③がOCAとOCBの教科書で最も差異の
大きい項目で、OCAは43.8％であるのに対して、OCBは0％である。
OCBの教科書にも、「職業の表現」や「人の性格を表す表現」など、あ
るテーマに関連した語を集めた囲み的な欄を設けたものは数冊あるが、
語数がいずれも少なく数か所にあるのを合わせても100語以下であり、

21

「語彙リスト」とは呼び難い。表現活動を行う OCA の教科書については、活動を活性化するためにこのような用語集があることが望ましい。④もどちらかと言えば、OCA のほうでより活用できそうであるが、OCB においても語彙を増やすのには大いに役立つはずである。⑤の発音面の記述は、語彙学習の範ちゅうには入らないかもしれないが、コミュニケーション活動を考える場合、OCA のみならず OCB においても無視できないものである。スペリングを見たら何でもない語でも、耳から入ると全く分からないという場合があるし、文の中で使われると単独で使われるのとは違ったように聞こえることもあるからである。

　同様の分析を新課程のオーラル・コミュニケーションⅠ、Ⅱの教科書についても行ってみた。その結果が表 10 である。以前の教科書（OCA, OCB）に比べて、新しい教科書（OCⅠ）はほとんどにおいて、各課の対話文などで使われる語や語句の意味理解に対する配慮がなされている。また、イントネーションやリズム、音の脱落など音声面への配慮がほとんどの教科書でなされるようになり、語数が減少したことを考慮してか表現活動を活発にするために関連語を示したものも増えている。OCⅡについては種類も少ないが、ある程度語彙力をつけた生徒や、自分で必要な語彙を調べて見つけ出す方法を身に付けた生徒が使用することを考えてか、OCⅠに比べて語彙面への配慮はかなり少ない。なお、△はその項目について記述はあるが、かなり少ないことを示している。

　既に見たような語彙力不足の現状を考えるとき、オーラル・コミュニケーションの教科書を選ぶ際に上記のような欄をどう評価するか、そして、選んだ教科書にこのような欄がある場合それをどう活用するかを考えねばならない。

　ちなみに、愛媛県の高校へのアンケートでは、オーラル・コミュニケーションの教科書は、コミュニケーションのための語彙力を高める配慮がなされていると思うという回答が半数強であった（資料 1）。

第1章　コミュニケーション能力を高める語彙学習

表10　オーラル・コミュニケーションⅠ、Ⅱ教科書の語彙学習への配慮

教科書	各課使用語・語句		関連語	活動用語彙リスト	絵　図	音声面
	発　音	意　味				
Ⅰ 01	×	○	×	○	×	○
Ⅰ 02	◇	◇	○	×	×	△
Ⅰ 03	◇	◇	○	×	○	△
Ⅰ 04	×	○	×	×	×	○
Ⅰ 05	×	○	○	○	×	○
Ⅰ 06	○	×	○	○	○	○
Ⅰ 07	×	○	×	◎	×	○
Ⅰ 08	×	○	○	×	○	○
Ⅰ 09	○	○	×	×	×	○
Ⅰ 10	×	○	○	×	◎	△
Ⅰ 11	×	○	○	◎	×	×
Ⅰ 12	○	◇語句	×	×	×	○
Ⅰ 13	○	○	○	×	×	△
Ⅰ 14	×	○	×	×	×	△
Ⅰ 15	×	○	◎	×	×	○
Ⅰ 16	×	○	×	○	×	○
Ⅰ 17	×	○	◎	△	×	○
Ⅰ 18	×	◇	×	×	×	×
Ⅰ 19	×	○	○	×	×	○
Ⅱ 01	○	○	○	×	×	×
Ⅱ 02	×	△	×	×	×	×
Ⅱ 03	×	×	○	○	×	×
Ⅱ 04	×	×	○	×	×	×
Ⅱ 05	×	○	○	×	×	○
Ⅱ 06	×	○	×	×	×	×
Ⅱ 07	×	○	×	×	×	×

⑶　学習辞典のコミュニケーション活動への配慮

　オーラル・コミュニケーションの登場により学習辞典にも様々な変化が見られる。オーラル・コミュニケーションの指導・学習に役立つような配慮をした英和・和英辞典がしだいに増加してきている。どのような工夫がなされているのか、以下に主なものを拾い上げてみよう（それぞ

23

れの例については資料4参照)。

① 会話表現や対話形式の例文の増加

英和・和英ともに、例文に会話表現や対話形式のものが多く取り上げられるようになった。『ニュープロシード英和』においては、Let's Communicate欄を設け、会話の目的・内容別によく使われる英語表現を対話形式も取り入れて分かりやすく解説している。『スーパーアンカー英和』では、「会話」欄で「依頼の表現」などテーマ別の会話例を収録し、「対話」欄では日常生活ですぐ使える身近な対話例を紹介している。『フェイバリット英和』は、辞書の中央部分にコミュニケーションを目的に、場面を明確にした会話の実例を集めて提示している。英和辞典のみならず、『ニュープロシード和英』や『ニューセンチュリー和英(第2版)』などの和英辞典においても、対話・会話表現が多く掲載されるようになってきている。

② スピーチレベルの表示

受信型の英語学習と違って、発信型の学習においては語の選択に際し、堅い語かくだけた語かというようなスピーチレベルを考えて語を選ぶことが大切になってくる。その意味でスピーチレベルの表示もたいへん有用である。『スーパーアンカー英和』では、Tシャツマークでくだけた日常語であることを示し、ネクタイマークで改まった堅い語であることを示している。また、訳語にもネクタイマークには堅い日本語、Tシャツマークにはくだけた日本語が使われている。さらに、その「会話」欄では英語の丁寧度を−(ぶっきらぼう)、○(標準的)、+(丁寧)の記号で明示している。『ニュープロシード英和』のLet's Communicate欄の表現にはそれぞれ丁寧な言い方、普通の言い方、気軽な言い方の区別が表で分かるようになっている。

③ コロケーション

コミュニケーション重視の観点から、辞書においては重点語彙の他の語との結び付きを多く載せようとする傾向がうかがわれる。名詞を中心に見出し語によく結び付く語を挙げてあり、英文を作る際に極めて有

用である。例えば、名詞であればその語を修飾する形容詞、その語を目的語にとる動詞、その語が主語になる動詞など。名詞以外では、形容詞、動詞に対してはそれを修飾する副詞などが示されている。これは、「傘をさす」とか「辞書を引く」と表現したい場合に、umbrella やdictionary という語は知っていてもこれらと結び付く動詞を知らないために言いたいことが言えないという状況をなくすのに役立つ。辞書により、「連結」とか「結び付き」とか「表現」とか呼び方は様々であるが、生徒たちには大いに活用させたい欄である。

④　文型表示

　文型表示は Hornby の ISED などでは古くから取り上げられているが、最近は和英も含めてたいていの学習辞典において何らかの形でこれが示されるようになっている。動詞については5文型で示すものが多いが、これを拡大し、SVM や SVOM（M は副詞的修飾語句）を加えて7文型として示しているもの（『ジーニアス英和』）もある。また、その動詞が目的語として不定詞をとるか動名詞をとるか、また that 節をとるかなどを示していることが多い。一部の形容詞についてもその使い方を文型として示しているもの（『ライトハウス英和』など）もある。

⑤　音声面への配慮

　口頭による発信型の英語を考えて、紛らわしい単語の発音やアクセントを表記したり、イントネーションによる意味の差異などを示しているものがある。『ニュープロシード英和』では、「発音ワンポイント」欄を設け、発音とアクセント、発音とつづり字、発音と強形・弱形、日本語のカナ発音を応用した英語らしい発音の身に付け方などを説明している。『ニューセンチュリー英和』においても、類似した項目が囲みにおいてまとめられている。『ジーニアス英和』では、イントネーションや強勢によって意味の違いが生じる場合、丁寧さの度合いが異なってくる場合など必要に応じて、用例にイントネーションや強勢を示している。また、『ライトハウス英和（第4版）』では、「リスニング」欄が設けられ、会話の際に聞き取りにくい語、表現などのヒントを与えている。

⑥　名詞の可算、不可算；形容詞の限定、叙述用法など

　名詞については数えられる名詞かどうかが使用上のポイントになる。ある名詞を単数形にするか複数形にするかによって、文の動詞や代名詞の数も変わってくるからである。このように、可算、不可算の決定は日本人が英語で表現する際には極めて重要であるので、たいていの辞書が Ⓒ Ⓤ などの記号によりその区別を明らかにしている。

　形容詞については、限定用法として用いるか、叙述用法として用いるかを示す辞書が増加してきている。英語で正しく表現するとなるとこの区別も無視できない。『ライトハウス英和』は限定用法のみの形容詞、叙述用法のみの形容詞をそれぞれ Ⓐ Ⓟ によって示している。『ニューセンチュリー英和』には、《限定的に》、《叙述的に》の、『ラーナーズプログレッシブ英和』では、《名詞の前で》、《動詞の後で》の用法指示がある。

　また、動詞・形容詞については、『ジーニアス英和（改訂版）』のように Ⓢ（stative），Ⓓ（dynamic）の表示をつけて、「人が自分の意志でコントロールできない状態・出来事を表す（S）か、コントロールできる行為・状態を表す（D）かを示している辞書もある。

　　（例）smell　　Ⓓ　……のにおいをかぐ
　　　　　　　　　Ⓢ　……のにおいがわかる、においで……に気づく

⑦　意味のネットワーク

　コミュニケーションの場面において、あるものを表現する語を知らなくても、それと関連した語をいくつか知っておれば、なんとか相手にそのもののことを伝えることができる。このような関連した語、語句を即座に想起できるかどうかはコミュニケーションの成否に重要な意味を持ってくる。このような意味のネットワーク利用を促す工夫をしたものに、『ニュープロシード英和』の WORD FINDER 欄がある。約 70 語について関連のある語を図やイラストを用いて分かりやすくまとめ、記憶に残りやすいように配慮している。

　また、『ブライト英和』、『ニュープロシード英和』など、「関連語」欄

で見出し語に関わる事物、見出し語から連想される語をまとめて掲げ、語彙力の強化に役立つようにしたものも少なくない。

⑧　発話者の言葉の裏にある「意図」「真意」を示す語用情報

コミュニケーションを図る際に、発話者の言葉の表面的な意味だけでなく、その背後にある「意図」や「真意」を正確につかむことが大切である。このような点に焦点をあてた「語用」情報が掲載された辞書もある。

（例）You're a regular genius.

（君は正真正銘の天才だよ。）（しばしば皮肉に）

She isn't exactly diligent.（彼女は必ずしも勤勉というわけではない。）（真意は「怠け者だ」）（『レクシス英和』）

⑨　日本的事物の英語紹介

国際化により、日本独特の事物を外国人に説明することが要求されることがある。そのような場合に役立つように、日本的事物の英語での表現の仕方が示されるようになってきている。『ニューアンカー和英』では、コラムで演歌、こたつ、関取、納豆、わびなど129項目を、『サンライズクエスト和英』では、日本独特の文化・風俗・習慣など約70項目を英和式で解説している。また、『ニュープロシード和英』では、日本を語り、日本を知るためのコラム Talking about Japan を設け、平和憲法、学歴社会など44項目について会話文として掲載している。

⑩　非文情報

あまり使い慣れない語を和英辞典のみを頼りにして英文を作ろうとすると、どうしても間違った、あるいは、不自然な使い方をしがちである。そのような場合に役立つのがこの欄である。英語で表現する際に日本人が犯しやすい誤文例を×印をつけて示している。

（例）彼はこの海域で遭難した。

○ He was shipwrecked in these waters.

× He was wrecked......

（船が主語のときは be wrecked と表し、人が主語のときは be shipwrecked を用いる）　　　　（『ニュープロシード和英』）

27

⑪　２ステップ訳語提示

　日本語を英語に直す場合、特に高校生などにとっては、日本語らしい日本語表現で、英語を思いつかない場合がある。そのような場合に、『ライトハウス和英』では、２ステップによる訳語提示を行っている。例えば、「傘に入れてくれませんか」であれば、まず「あなたの傘を共同で使ってよろしいですか」というステップを経て、May I share your umbrella? という英文へ導くというやり方である。

　上記の①〜⑧は英和、和英辞典ともに該当する工夫であるが、⑨〜⑪は主として和英辞典に見られる配慮である。いずれにしても、様々な配慮がなされており、コミュニケーション活動に大いに活用したいものである。この点について愛媛県内の高校の状況はどうであろうか。資料１から分かるように、「オーラル・コミュニケーションを学習するようになって、英和（和英）辞典の選び方が変わりましたか」という問いに、「変わった」との回答を示したのは、英和辞典3.6％、和英辞典０％であった。やはり、状況の変化、辞書の変化に留意し、生徒に持たせる辞書の選択に際しても、リーディングやライティングに役立つかどうかの視点だけでなく、オーラル・コミュニケーションの授業で活用できるかどうかもその選択の条件としたい。辞書の使い方の学習は、アンケート結果から分かるように、英和辞典についてはかなりなされているようであるが、和英辞典についてはほとんど行われていないと言っていいようである。和英辞典のオーラル・コミュニケーションでの使用も少ないが、コミュニケーションに必要な語彙がかなり不足していることを考え、上記のような様々な工夫のあることも生徒に理解させ、もっともっと辞書を活用する学習を進めたいものである。

⑷　語彙学習の位置付け

　聞いたり話したりするコミュニケーション活動を活発に行うためには、英語Ｉを履修して語彙力がよりついた２年生以降が望ましいが、実

際は１年生での履修が多い。これは教育課程における英語Ⅱ、リーディング、ライティング履修の関係と、大学入試の影響のためであろう。本当にオーラル・コミュニケーションの力をつけることを期待するのであれば、このような問題点に対する制度的な改善を望みたい。

さしあたって、１年生で履修させねばならないとすれば、コミュニケーション活動が活発になるような語彙学習を考えねばならない。そこで、英語Ⅰや英語Ⅱなどの１時間の授業の中での語彙学習について考えてみたい。特に語彙学習に重点を置いた形で学習指導案の概略を示すと次のようになる。

A　復習
　　（前時学習の文法事項や内容の確認のみならず、重要語、語
　　　句についても確認する。）
B　新教材の提示
　　1　内容の理解（未知の語は文脈から推測させる。）
　　2　重要事項の説明及び練習
　　　　（文法事項のみならず、語、語句についても説明し、
　　　　　コミュニケーションにつながるように口頭練習を十
　　　　　分に行う。）
　　3　音読練習
C　整理
　　（語彙についてのまとめも行い、語のネットワークや本時学
　　　習した語を用いた対話文の作成なども課題にしたい。）

このような授業の展開の中で、従来はともすれば文法項目の学習により重点が置かれていたように思われるが、聞いたり、話したりするコミュニケーションに役立つ語については、その語の使い方、コロケーションや不定詞、動名詞、that節のいずれと結び付くかなど、いわば、語の文法というものの学習も取り入れたい。語の意味、用法を理解させたら、その語を用いた文や対話文を作らせるなど、実際に使わせてみることが

大切である。対話文などはペアやグループで作らせ、スキットを行わせることもできる。家庭学習としての課題にもネットワークの作成や一文または二文作文など語彙力増強につながるものも工夫したい。

　オーラル・コミュニケーションの学習においては、生徒のレベルを考慮し、必要に応じて、聞いたり話したりする活動に入る前に語彙に関する学習をしておくことが大切である。聞き取りの場合には、未習の語や聞き取りにくい語などを、話す活動においては、そのテーマに関連した語などを事前に指導しておきたい。語彙が不足していると受信にしろ発信にしろ活動が不活発になりその効果が十分にあがらないからである。

(5)　スピーキングと語彙学習

a　指導上の留意点

　適切な語を知らないためにコミュニケーションがうまくいかないことが多いことから、構文のみならず語彙も非常に重要であることは明らかである。学習者がコミュニケーション活動を行う際に語彙に関して指導者が留意すべき点として、川尻（1996：22‐23）は次の五つを挙げている。

　　①　語の意味を十分理解させているか。

　　②　動詞の使い方に慣れさせているか。

　　③　コロケーションに注意を向けさせているか。

　　④　学習者が必要とする語彙を教えているか。

　　⑤　言い換える力をつけているか。

　いずれも発信型のコミュニケーション能力の育成においては非常に大切である。要するに、意味が分かればいいという視点からだけでなく、それを使う視点から指導する必要がある。それぞれの留意点について、少しばかり説明を加えることにする。

(a)　語の意味を十分に理解させる

　語彙の導入に際しては、既に述べたように、実物や絵や写真などにより語の意味を視覚化したり、日本語で意味を知らせたり、英語で定義を示したりして新出語の意味を教えることになる。その際に最も大切なこ

とは日本語と英語の意味のずれを明確に教えることである。carと車、fingerと指、headと頭など、日英語それぞれの意味領域を正しく理解させておかなくてはコミュニケーションに支障をきたす恐れがある。

また、影浦（1996：119）が指摘しているように、中核的意義の指導を心がけることも大切である。語句にはそれぞれいくつかの意味があり、そして、それらの意味には共通する意味領域があり、それを中核的意義と呼んでいる。例えば、onは「……の上に」ではなく、「接触を表す」こと、climbは単に「のぼる」だけでなく、「手足を使って（苦労しながら）」というような情報を与える必要がある。

(b) 動詞の使い方に慣れさせる

英語で表現する際に動詞は大切な役割を果たすので、動詞の意味領域や使い方を十分に教えておく必要がある。例えば、動詞 loseの場合であれば、Did you lose your purse?のような例文だけでなく、次のような例も示し、その使い方に慣れさせておく必要がある。

① Be careful not to <u>lose</u> your health.（損なう）
② I will <u>lose</u> my way in the crowded station.（見失う）
③ We <u>lost</u> the match by a score of 5 to 2.（負けた）
④ I tried to <u>lose</u> my fear.（取り除く）
⑤ This clock <u>loses</u> 5 minutes a day.（遅れる）

また、動詞の類語については、意味や用法の違いを正確に理解しておかないとコミュニケーション活動においてうまく使えない。例えば、say,speak,tell,talk や learn と study,bring と take など。

(c) コロケーションに注意を向けさせる

それぞれの単語の意味を覚えても文の中でどのように他の語と結び付いて使われるかを知らなければ、表現活動はうまくいかない。語と語の結び付き（collocation）には相性があるので、ある語に相性のいい語は何かということを意識して英語を読んだり、書いたりすることが大切である。主なコロケーションとして、Gairns and Redman（1986：37）は、次の四つの型を挙げている。

① 主語となる名詞＋動詞　The earth revolves around the sun.

② 動詞＋目的語となる名詞　She bites her nails.

③ 形容詞＋名詞　heavy traffic

④ 副詞＋形容詞的に用いられる過去分詞　badly dressed man

また、市川ほか（1995：vii‐ix）においては、この四つの型の外に、前置詞＋名詞、名詞＋前置詞、動詞＋副詞、動詞＋前置詞、形容詞＋前置詞などの型の多くの用例が示されており、さらに、これに加えて、統語的結合として、名詞、動詞、形容詞の後に、to不定詞、動名詞、that節、whwordなどのいずれがくるかも示されている。

(d)　学習者が必要とする語彙を教える

これまでは中学校で約1000語、高校の英語Ⅰで約500語、英語Ⅱで約500語、合計約2000語の範囲内でオーラル・コミュニケーションの活動を行うことになっていた。これが新課程では中学校の約900語に加えて英語Ⅰの400語、合計約1300語になった。当然教科書に出てくる語を中心に学習を行うことになるが、既に述べたように、日本の英語教科書は日常生活用語が不足している。したがって、教科書の改善を望むとともに、学習において、あるテーマについて関連語を与えるなど、生徒が必要とする語をできるだけ教えるように工夫したい。例えば、教科書（Hello there ！ OCⅠ）に次のような対話練習があり、将来なりたい職業を表現するようになっている。

What do you want to be?

I want to＿＿＿＿＿＿＿because........

この教科書には、「単語110番」として、職業を表す語が56示されているが、すべての生徒の必要を満たせるとは限らないし、このような欄のない教科書も少なくない。

(e)　言い換える力をつけさせる

学習者の語彙力を高めることはもちろん大切なことであるが、知らない語や表現を既習の語を使ってなんとかコミュニケーションを図ることができる能力をつけることも大切である。cucumberという語を知ら

なければ、vegetable を使い、a kind of vegetable と表現したり、人口を尋ねたいが、population という語を知らなければ、How many people are there in your city? と言えばよい。このような能力をつけさせるためには、語彙の学習の際に教師が英語で新出語の意味を説明したり、生徒に既習の語を他の英語を使って言い換えさせたりする活動を行うべきであろう。

b スピーチにおける語彙学習

オーラル・コミュニケーションの授業においては年に何度かはスピーチをする機会があると思う。スピーチでは、自分が必要性を感じて語を選ぶので、定着率が良いはずであるし、また、他の生徒のスピーチを興味深く聞くことで、印象的に語を覚えることができるものと思われる。その際にたいていの場合、スピーチをする生徒についても、また、聞き手の生徒たちについてもそれぞれ語彙学習が必要になってくる。そのようなスピーチにおける語彙学習について、八島（1997：50-51）は次のような留意点を挙げている。

① 最大公約数的な語彙のリストを与える。

② 机間巡視で問題点・困難点を発見する。多くの生徒がうまく表現できなかった言い方を、いくつかの例文を添えて板書する。

③ 生徒が発表できるように、個々の質問についても、全体に例文を示す場合にも必ず教えた語の発音練習を行う。

④ 生徒がスピーチをしている間、聞いている生徒の反応を観察し、多くの生徒になじみのない語句が出てきた場合には、聴衆のための語彙指導も必要である。

c ブレイン・ストーミングによる語彙学習

竹本（1996：175）は英作文の学習の中で語彙を増やすために、マインド・マッピングの手法を用いている。まず、生徒に自分の書きたいトピックを書かせ、そのトピックに関連して自分が書きたいことをブレイン・ストーミングさせる。その過程において、思いつく語彙を次々に出させ、それを関連づけて線で結ばせる。この手法は語彙を増やすのにも

有効であるが、論理的に英文を構成するのにも役立つ。同じテーマで生徒全員に英作文をさせるときは各自にマインド・マップを作成させ、その後黒板を利用してクラス全員で大きなマインド・マップを作成させる。こうすることにより生徒の使える語彙がいっそう増えることになり、英作文の内容も豊かになることが期待できる。

　大塚（1997：35）は、このブレイン・ストーミングを、話すことも含めて、表現力の育成に役立てている。その指導は次のような3段階で実践している。

　　①　基本段階（創造力開発）
　　　ブレイン・ストーミングを行い、トピックについてできるだけ多くのアイディアを出し合う。
　　②　応用段階（「話す」表現力育成）
　　　基本段階で出たアイディアをもとに、トピックについて英語で語り合う。
　　③　発展段階（「書く」表現力育成）
　　　グループや学級で出たアイディアや文章表現をもとに、トピックにかかわる事柄について英語で五つの説明文を作りノートに書く。

　大塚は中学2年生を対象に、Lesson 1 では Australia を、Lesson 4 では the earth をトピックにしてブレイン・ストーミングを組み入れた授業を実践している。活動を重ねるにつれ、生徒もこの活動に慣れ、Lesson 1 よりも Lesson 4 のほうがアイディア数が増加するとともに、英語によるアイディアが大半を占めるようになってきている（図2に授業実践例）。このような実践を通じて、ブレイン・ストーミングで得られた語彙は、生徒の表現活動において「生きた言葉」として受け入れられたと言う。アンケート結果によると、93％の生徒がこの活動に興味を持ち、95％が話したり、書いたりする活動に役立つと答えている。

　生徒が興味を持って取り組み、語彙力と表現力の増強に役立つ技法として、このブレイン・ストーミングも日頃の学習活動に取り入れてみたいものである。

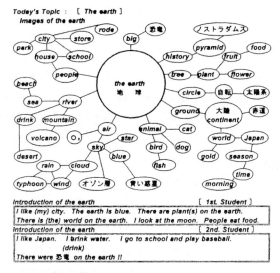

図2　授業実践例（生徒のアイディアと説明文）

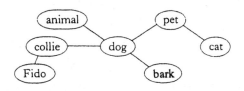

図3　語彙のネットワーク

d　意味のネットワークの活用

　意味のネットワークによる語彙の提示とは、ある一つの語を示し、その語から意味の上で関連のある語を連鎖的に挙げていく方法である。たとえば、dogという語から pet, cat, bark, collie, Fido, animal といった語が連想される（McCarthy,1990：95）。そして、これらの語から図3のようなネットワークができあがる。語彙学習が単に母語と1対1に対応する、ばらばらの語をたくさん記憶していく過程ではないことは、外国語の学習において以前から認められている。意味のネットワークについ

ては、次章でより詳しく取り上げるが、語と語の関係を知ることは、語の意味を学習するためだけではなく、母語話者のように、適切に語に反応し、語を使用する能力を育てるためにも大切である。

第5章（p.97）に生徒が作成したものを示しているが、多くの者がこのようなネットワークの作成に興味を持っているようである。今後さらに、ネットワークを作る活動で得られた語を用いてペアで対話文を作成し、スキットを行わせるなど、話す活動と結び付ける工夫をしてみたい。

e　ゲーム活動による語彙学習

第6章で詳述するが、様々なゲームを楽しみながら語彙力をつけることも可能である。例えば、ペアワークで20 Questions を行い、新語の定着、語彙拡充を図ることができる。望月（1997：38-39）は、大学のリスニング中心の授業のウォームアップとしてペアワーク版 20 Questions を行っている。まず、あるトピックに関してクラス全体があることを答えに決める。それをペアになった生徒が交互に Yes － No Questions をして、相手の考えた答えをあてるゲームである。このようなペアワークを始める前の語彙指導の手順は次のとおりである。

① トピックに関して、自分の答えを決めた後、教師が生徒に学習したい語を含む Yes － No Questions をしていく。

② 生徒が質問を理解して、すぐに Yes か No の返事をした場合は、別の生徒に同じ質問をする。三人の生徒がすぐに返事ができるようならば、その質問で使われている語は問題がないと考える。三人のうち一人でも、答えにつまるようならば、難しいと思われる語を板書し、意味を確認する。

③ 教師が必要と思う語についてすべて、②の方式でいろいろな生徒に質問していく。

④ 板書した語を発音し、後について言わせる。

⑤ 語を言わせた後、Yes － No Questions の形で言わせる。

このようなペアワークの外に、ロール・プレイ、ストーリー・テリング、問題解決学習などの活動を通じても語彙学習を進めることができる。

第1章　コミュニケーション能力を高める語彙学習

(6)　リスニングと語彙学習

　話したり書いたりする表現活動には文法力が必要だが、読んだり聞いたりする受容的な活動においては語彙力が大きな役割を果たすと言われている。リスニングの力をつけるためには語彙力が必要であり、特に聞いて分かる語彙を増やすことが要求される。その方策を考えてみたい。

a　ストーリーを読み聞かせて

　語彙を増やすにはたくさん読むこと、そして、語彙は文脈の中で理解し、覚えることが大切であるとよく言われる。聞いて分かる語彙を増やすためには、話されたり、読まれたりする英語の文脈の中で語を理解し、覚えていくことが重要である。

　Nation（1990：87-88）は、読書語彙を聴覚語彙に変える活動として、学習者の読書レベルよりもかなり低い語彙レベルの読み物を選び、教師が生徒に毎日 10 ～ 15 分読んで聞かせることを提案している。生徒に分からないのではないかと思われる語が出てくれば、教師はその語が出てくる文を繰り返しながら、黒板にその語を書く。話の流れを損なわないように板書し、その語が再び出てきたときには、単に板書された語を指し示すだけにする。不規則動詞が出てくれば、その原形を教える。このようにして、20 語程度のリストが板書され、話を理解する助けとなる。しだいに話が進んでいくにつれて、語を板書する必要はなくなり、話の進む速度が速くなる。話への興味が生徒の注意を保持し、話の筋が語彙の解釈を助ける。その結果、毎日放送されるラジオの続き物やテレビの連続ドラマの視聴に夢中になるようにほとんどやみつきになるだろうと言う。

　コミュニケーションに役立つ語彙を身に付けるためには、積極的に活動に参加することが望ましいが、グループ活動の参加者として聞いているだけでも語の習得が行われたという報告（久保野、1996：48-49）もあり、できるだけ話される英語に触れさせ、その中で語彙力を育成するように努力したいものである。

b　弱形・同化などの現象に注意させる

活字を見るとすぐ理解できる語でも耳で聞くと、さっぱり分からないということがある。したがって、語彙の拡大を図るとともに、視覚語彙を聴覚語彙に変える学習を考えなければならない。その一つの方法として弱形、同化などに注意させることが重要である。1語だけで聞けば聞き取れる語も、文の中で使われ、ナチュラル・スピードで耳に入ってくると、生徒にはまるで新しい語を聞いているかのように思われることがある。これは英語の弱音が脱落したり、周りの音に同化してしまったり、前の語の子音が後の語の最初の母音と連続して聞こえたりするからである。このような現象について、オーラル・コミュニケーションの教科書の中にも例（資料3）を挙げて説明しているものがある。

c　カタカナの効用

　上記のような現象を学習者に分かりやすくし、リスニング向上に役立つようにするために、島岡（1996：8-9）は、資料5が示すような「聞き取りやすくするカナ活用7項目」を示している。また、相原（1997：46-47）は、以下に示すように、リスニング学習においてカタカナ活用の実践を行っている。これは、聞き取りの困難点の一つである、強勢がない語頭の母音は聞こえないことを認識させる授業の手順である。

　　①　下記の文を板書する。
　　　1）You should never drink ン drive.
　　　2）Don't be プ℁ィ. You can do it.
　　　3）ツビナ long time since I saw you last.
　　　4）I want to watch this program, ケィ?
　　②　カタカナの部分を推測させる。
　　③　1文ずつナチュラルスピードで読まれたテープを聞かせる。
　　④　解説する。
　　⑤　再度、テープを聞かせ確認させる。
　　⑥　応用問題を出して確認する。

　カタカナを使ってみて、①音を視覚化できる、②生徒の積極的な反応がある、③生徒にインパクトを与えることができる、とその効果を挙げ

ている。

　なお、オーラル・コミュニケーションの教科書にも「聞き取りのポイント」などとしてカタカナの活用例がある。

　　butter「バラー」　get up「ゲラップ」　pretty「プリリー」

（Royal OCB Revised Edition）

　このような学習において留意すべきことは、音の省略は口語の場合であって、ゆっくりと丁寧に発音される場合にはそうはならないことを説明しておく必要がある。また、このカタカナを活用する方法は音の脱落や同化の現象を聞き取るためであって、発音のためではないことを生徒にはっきりと理解させておかねばならない。

d　ディクテーションの活用

　ディクテーションは、テストとして、また学習活動として古くから活用されてきている。学習活動としての観点からの効果として、羽澄（1971：27-29）は次の5点を挙げている。

　　①　正確な聴解力の養成
　　②　記憶幅の増大
　　③　基礎的な発表力の養成
　　④　転移効果の可能性
　　⑤　文字の特質の再認識

　特に①の聴解力の養成については、単に英語を聞いて質問に答えるだけのヒアリングと違い、ディクテーションでは聞いたことをそのまま正確に再生しなければならないので、聞いた意味内容が鮮明で確実な概念として保持されることが必要である。したがって、ディクテーション活動を続けることによって、正確な聴解力が養われるはずである。また、Nation（1990：88）は、このディクテーションが書くことと聞くことの橋渡しをするものとして有効であるとしている。

　普通、ディクテーションは読まれた英文全体を書き取るが、根岸（1992：45）は、部分書き取りをリスニングのつまずき克服法として提案している。全文でなく部分とする理由の一つは、長いディスコースの場合は全

文を書き取らせることは事実上できないからであり、また、聞き取るのが全体の一部ということで、学習者も漫然と聞くのでなく、集中することで聞き取りも容易になるからだと言う。また、聞こえてきた単語が分からないと思ったときには、カタカナで書き取るようにさせることで、母音の弱形や音の脱落などの音声的な現象に言及でき、また、そうすることによって、様々なレベルの学習者が参加できるようになるからだとしている。

　さらに、ディクテーションが有効な場合について、田島（1993：276）は次のように述べている。縮約形に見られるような、つづり字に現れる弱形はあまり問題ではないであろうが、つづり字に現れない弱形や、発話の中で連続する語の語尾と語頭に破裂音が続く場合など、単語が個々に発音された場合と異なるために語の認識が難しい語の連続については、書き取りは特に有効であろう。

　学習者の弱点を知り、計画的に継続してディクテーションを行い、その弱点克服に努めたいものである。

5　おわりに

　国際社会に生きる日本人の育成を目指す教育の中で、英語教育においてはコミュニケーション能力の育成が期待されている。平成6年度から高校において「オーラル・コミュニケーション」の学習が行われているが、コミュニケーション能力を高めるためには語彙力の増強が不可欠である。生徒たちは英語を話すことには大いに興味を持っているが、語彙の学習にはあまり関心がない。また、教科書の語彙には、日常生活用語が不足しているので、生徒の必要性に応じて語を補っていかねばならない。さらに、コミュニケーションで役立つ語彙を身に付けるためには、必要な語を実際に聞いたり話したりする活動の中で習得できるよう指導技術を工夫しなければならない。オーラル・コミュニケーションの教科書にも語彙力強化への工夫がされているものが少なくない。また、英和

第1章　コミュニケーション能力を高める語彙学習

辞典や和英辞典についても競ってコミュニケーションのための配慮工夫がなされている。今後、教科書や辞書のそのような工夫点を十分に活用し、様々な場面を提供して語彙力の増強を図り、実際に役立つコミュニケーション能力の育成のために努力を続けていきたい。

資料1　オーラル・コミュニケーションの学習に関する調査
（対象：愛媛県の県立高校　55校　　実施：1997年7月）

1　オーラル・コミュニケーションの学習において、文法力の重要性を感じますか。

a	大いに感じる	5.5%
b	感じる	36.4
c	あまり感じない	50.9
d	感じない	3.6
e	分からない	3.6

2　オーラル・コミュニケーションの学習において、語彙力の重要性を感じますか。

a	大いに感じる	29.1%
b	感じる	69.1
c	あまり感じない	1.8
d	感じない	0
e	分からない	0

3　オーラル・コミュニケーションの学習の中で語彙力を高める学習を何かしていますか。

a	いつもしている	7.4%
b	時々している	43.6

c	あまりしていない	43.6
d	していない	3.6
e	分からない	1.8

4　今年度使用しているオーラル・コミュニケーションの教科書は、コミュニケーションのための語彙力を高める配慮がされていると思いますか。

a	よく配慮されている	5.5%
b	配慮されている	50.9
c	どちらとも言えない	34.5
d	あまり配慮されていない	7.3
e	配慮されていない	0
f	無答	1.8

5　英和辞典の使い方についての学習を行いますか。

a	学年の初めなどに時間を取って行う	41.8%
b	必要を感じたときに行う	36.4
c	特に行わない	18.2
d	その他	3.6

6　和英辞典の使い方についての学習を行いますか。

a	学年の初めなどに時間を取って行う	0%
b	必要を感じたときに行う	9.1
c	特に行わない	83.6
d	その他	1.8
e	無答	5.5

7　和英辞典を生徒が最も使う必要がある科目は何ですか。

| a | 英語Ⅰ | 0% |
| b | 英語Ⅱ | 0 |

第1章　コミュニケーション能力を高める語彙学習

c　オーラル・コミュニケーション　　　10.9

d　リーディング　　　　　　　　　　　　0

e　ライティング　　　　　　　　　　87.3

f　無答　　　　　　　　　　　　　　　1.8

8　オーラル・コミュニケーションを学習するようになって、英和辞典の
　選び方が変わりましたか。

a　変わった　　　　　　　　　　　3.6%

b　変わらない　　　　　　　　　　81.8

c　分からない　　　　　　　　　　14.5

9　オーラル・コミュニケーションを学習するようになって、和英辞典の
　選び方が変わりましたか。

a　変わった　　　　　　　　　　　　0%

b　変わらない　　　　　　　　　　76.4

c　分からない　　　　　　　　　　21.8

d　無答　　　　　　　　　　　　　1.8

資料2　オーラル・コミュニケーション教科書の語彙力増強への配慮

（1）語・語句の発音及び意味

LESSON 1

actually [ǽktʃuəli]　本当は、実は
altogether [ɔ́ːltəgéðər]　全部で、合計して
bike [baik]　自転車 (=bicycle)
change [tʃeindʒ]　乗り換える
Chinese [tʃàiníːz]　中国人の
commute [kəmjúːt]　通学する
cycle [sáikl]　自転車に乗る
even [íːvn]　…でさえ、…までも
journey [dʒə́ːrni]　旅行、行程
lucky [lʌ́ki]　運のよい
nap [næp]　うたた寝、昼寝
otherwise [ʌ́ðərwàiz]　そうでなければ
sound [saund]　…に聞こえる、思える
tiring [táiəriŋ]　骨の折れる
not as bad as it sounds　思うほど悪くはない
take a nap　うたた寝［昼寝］をする
two stations away　2駅離れて

（EXPRESSWAYS Advanced OCI）

（2）関連語

●道に関連する語句

a crosswalk　横断歩道
a traffic light　信号
a traffic sign　交通標識
an intersection　交差点
cross the bridge　橋を渡る
go up[down] a hill　坂を上る［下る］
on the corner　街角に

（OPEN DOOR OCI）

（3）活動用語彙リスト

職業

映画監督　film director
外交官　diplomat
画家　painter
科学者　scientist
カメラマン　photographer
看護婦　nurse
機内搭乗員　flight attendant
銀行員　bank clerk
建築家　architect
公務員　public servant

（Voice OCI）

（4）絵図

（EXPRESSWAYS Standard OCI）

第1章　コミュニケーション能力を高める語彙学習

資料3　音声面への配慮

発 音 の ま と め

❶ ストレスとリズム [*Cf.* Sound Magic ; pp.34, 84]

英語には他に比べて非常に強く長く発音する部分があります。これを「強勢」といいます。

(例)　日本語　わたしはやまだです。　　　ホテル
　　　　　　　・・・・・・・・・　　　・・・

　　　英語　My name is Mary.　　hotel
　　　　　　・　●　・　●　　　　・●

　　　　　　　　　　　　　　　　（・弱音節　●強音節）

❷ イントネーション [*Cf.* Sound Magic ; p.50]

会話では，話し手の気持ち，状況，意味によって異なったイントネーションが生じます。

(例)　I beg your pardon?　（╱)…繰り返してもらいたい時
　　　I beg your pardon.　（╲)…あやまる時

❸ 母音と子音 [*Cf.* Sound Focus ; 全課]

よく似た音の違いに注意しましょう。

(例)　live - leave　　　light - right　　　heart - hurt
　　　[lív]　[líːv]　　　[láit]　[ráit]　　　[háːrt]　[háːrt]

❹ なくなる音

①語と語が結びついて，語の一部の音が消えることがあります。[*Cf.* Sound Magic ; pp.12, 54, 92]

(例)　I like <u>him</u>.　　bread <u>and</u> butter
　　　　　　[im]　　　　　　[ən]または[n]

　　　Sit down.　　white chalk　　glad to
　　　[sí·dáun]　　[ʍwái·tʃɔ́ːk]　　[glǽ·tu]

②単語の中の音が消えることがあります。 [*Cf.* Sound Magic ; p.42]

(例)　cupboard　　trying　　camera
　　　[kʌ́bərd]　　[tráiŋ]　　[kǽmrə]

③語と語が結びついて，形が短縮され，音が消えることがあります。[*Cf.* Sound Magic ; pp.16, 38, 60, 64]

(例)　I will　→　I'll　　We have　→　We've
　　　[ai wəl]　[ail]　　[wi həv]　　[wiv]

❺ つながる音 [*Cf.* Sound Magic ; p.88]

複数の語が集まって，1語のように発音されることがあります。

(例)　Not at all.　　clean it up　　full of
　　　[nátətɔ́ːl]　　[klíːnitəp]　　[fúləv]

❻ 変わる音 [*Cf.* Sound Magic ; pp.8, 22]

となり合う2つの語と語が結びついて相互に影響し合い，別の音に変わることがあります。

(例)　Did you...　　meet you　　of course
　　　[dídʒə]　　[míːtʃə]　　[əfkɔ́ːrs]

(DEPARTURE OCA)

資料4　学習辞典のコミュニケーション活動への配慮

(1) 会話表現や対話形式の例文

●人の考えに賛成する

（ニュープロシード英和）

(2) スピーチレベル

（スーパー・アンカー英和）

(3) コロケーション

（ライトハウス英和）

(4) 文型表示

（フェイバリット英和）

（スーパー・アンカー英和）

第1章 コミュニケーション能力を高める語彙学習

(5) 音声面

:or /ˌɔːr/ (強) ˈɔːr; (弱) ər / ɔː /, (時に) ə/ (同音) oar, ore, awe) [other の短縮形]
———腰 1.［選択］[A or B] A または B, A あるいは B, A か B 《◆ (1) A, B は文法的に対等の語・句・節。(2) 音調は通例 A が上昇調, B が下降調》‖ Which do you like better, tea (ʃ) or coffee (ʅ)? 紅茶とコーヒーとではどちらが好きですか / Do you drink whisky or brandy? 《◆whisky (ʃ) or /ɔːr/ brandy (ʅ)》で ばウイスキーかブランデーにしますか の意(返答は I'd like whisky, please. など)。一方 whisky (ʃ) or /ər/ brandy (ʃ) ではウイスキーかブランデー（それとも他のもの）でも飲みますか の意味で, 意味が弱くなり, しばしば1語丁寧な表現(返答は Yes, I'd like just beer. または No, thank you. など)》/ You may have tea or coffee or cocoa [tea, coffee(,) or cocoa]. 紅茶かコーヒーかココアを飲んでもよろしい / He or I [=Either he or I] am wrong. 彼と私のどちらかが間違っている 《◆(1)「A or B」が主語のときは数・人称が一致。(2) He is wrong or I am. が普通。(→ either 腰1)》。

(ジーニアス英和)

(ライトハウス英和)

(7) 関連語

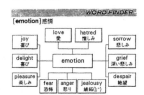

(ニュープロシード英和)

(8) 語用情報

*nòt exáctly 《口》① 《部分否定》《必ずしも》…でない
《♥他者の発言に微妙に訂正を加える婉曲的用法》‖ That is not ~ what she said. それは必ずしも彼女の言葉どおりではない ② 《戯》決して…でない‖ She isn't ~ diligent. 彼女は決して勤勉というわけではない《♥真意は「怠け者だ」》③ 《返答で》ちょっと違います, 本当は違います ‖ "You're working here?" "Not ~. I'm just lending a helping hand." 「ここで働いているんですか」「いえ, そういう訳じゃない, ちょっと手伝っているだけです」
❰ COMMUNICATIVE EXPRESSIONS ❱
I dón't exáctly knów why she léft. 彼女がなぜ立ち去ったのかよく わからない《♥あえて言わない時にも》
Thàt's exáctly「what I was trýing to sáy [ɔ̀] what I was thínking, how I sée it, what I hàve in mínd]. それはまさに私が言わんとしたことです《♥強い賛意を表す》

(レクシス英和)

(6) 形容詞の限定及び叙述用法

‡**a·live** /əláɪv/ ([類音] ([親] arrive) 圏 1 [叙述][比較なし] 生きている (↔ live [語源] (⇒ dead): She was relieved to hear that her son was still *alive*. 彼女は息子がまだ生きていると聞いてほっとした / He managed to stay *alive* for a week on nothing but water. 彼は1週間水だけで生き続けた / be buried *alive* 生き埋めになる。[語法]「生きている」の意味の形容詞は live /láɪv/: a *live* fish 生きている魚。なお living は [限定] と [叙述] の両方の用法がある。

2 [叙述] 生き生きして, 元気で, 活発で; 消滅しないで: My grandfather is still very much *alive*. 祖父はまだとても元気だ / Keep the fire *alive*. 火を燃やし続けなさい。 3 限定 この世での《名詞の後に置いて, 強調に用いる》: He is the happiest man *alive*. 彼はこの世で最も幸福な男だ / No man *alive* would believe it. この世のだれもそれを信じまい。 4 [叙述] (生き物などで) いっぱいで, (人で) にぎわって: The streets were *alive* with shoppers. 通りは買い物客でごった返していた。 5 [叙述] (…に) 敏感で, 気づいて: Politicians must be *alive* to the needs of the people. 政治家は国民の要求に敏感でなければならない。 **alive and kicking** [wéll] [形] [略式] 元気いっぱいで, ぴんぴんして。 **bring ... alive** [動] 働 (話など) を面白くする; 活気づかせる。 **còme alíve** [動] 働 活気づく; (話などが) 生き生きしたものとなる。(图 life, 動 live')

(ライトハウス英和)

(9) 日本的事物の英語紹介

———会 話———
F (外国人): What is a Japanese wedding like?
日本の結婚式はどんなふうですか
J (日本人): Nowadays people have all different types of ceremony—Shinto, Christian or Buddhist.
最近は神前式, キリスト教式, 仏前式などさまざまです
F : After the ceremony, what kind of reception is held?
式のあとどんな披露宴が開かれますか
J : Nowadays the newly-weds' families and friends get together in restaurants, hotels, or community halls.
現在では結婚した人の家族や友人がレストラン・ホテル・公民館などに集まります
F : And what do they do?
そして何をしますか
J : They propose toasts, have dinner, make speeches and sing songs.
乾杯して, ごちそうを食べて, スピーチをしたり, 歌を歌ったりします
F : Are brides usually dressed in *kimono*?
花嫁さんはたいてい着物ですか
J : Some wear gorgeous *kimono*, together with a special elaborate wig. Others are dressed in Western robes. Sometimes a bride changes from the *kimono* to the robe in the middle of the party.
豪華な着物を着て特別に凝ったかつらを付けたり, 洋風のドレスを着たりします。時には花嫁がパーティーの途中で着物からドレスに着かえることもあります

(サンライズクエスト和英)

47

資料5 「聞き取りやすくするカナ活用7項目」（島岡、1996）

1. つなぎの規則
1.a 子音末＋母音頭
 bad⌢accident は「ベア⌢デアクスィダント」とする。
1.b 子音末＋半母音
 Did you?, Could you?, Would you? などはそ
れぞれ「ディ⌢チュ」,「クッ⌢チュ」,「ウッ⌢チュ」で
表わす。
2. アメリカ英語の母音の間の t
 Yes, it is. は「イエス⌢イ⌢リーズ」
3. l と r の区別
 film, milk など母音後の l は「ウ」で表わし,
「フェウム」,「メウク」とする。語頭対立では, light
は「ッ・ライト」, right は「ゥライト」, また語中対立
では, collect は「カゥ・レクト」, correct は
「カ・ゥレクト」とする。
4. 子音連結
 子音＋子音＋母音, 例えば,「木」tree は「チュ
イー」のように表わす。trick or treat は「チュ
イッ⌢カ チュイート」と表わす。play と pray の区
別は play は「プレイ」, pray は「プエイ」とすると
識別しやすい。

5. 弱音または脱落音
5.a from
 Where are you *from*? では「フ アーム」, I'm
from Tsukuba. の from は「フム」とする。
5.b and
 Jack and Betty は「デュエアック⌢ン ベーリィ」
とする。漢字による近似値は「若干便利」。
6. s/th
 think（思う）と sink（沈む）の違いは, th の音質
が s よりもずっと弱いことに注目して, それぞれ,
「ₓインク」,「スインク」で区別する。
7. dz/z の区別
 cards/cars の識別は「カーヅ」/「カーズ」と
する。
 同様に, needs/knees, feeds/fees は「ニー
ヅ」/「ニィーズ」,「フィーヅ」/「フィーズ」とする。

第2章　英字新聞を活用したリーディング学習

1　はじめに

　現在、英語教育においてはコミュニケーション能力の育成が重要課題となっているが、この場合コミュニケーションという言葉は、たいてい聞き、話す能力を意味している。しかし、国際化、情報化の現代社会においては、英語による読み、書くことのコミュニケーション能力も同様に重要であると考えられる。また、近年、新聞を学校教育で活用するNIE（教育に新聞を）が現場に根付きつつあり、新学習指導要領の目玉である「総合的な学習」との関連で、主として国語科や社会科で新聞を用いた学習が実践されているようである（『朝日新聞』1999.8.4）。そこで、本章では英語科におけるNIEとして、読むことのコミュニケーション能力育成を目指し、英字新聞を活用したリーディング学習について、その意義や学習実践などを考えてみたい。

2　読むことのコミュニケーション

　現在、日本の社会は変革の波に洗われており、そのキーワードは「情報化」「国際化」「高齢化」である。そして、その変革の中で重要な機能を果たすことになってきたものにコミュニケーションがあり、英語によるコミュニケーション能力は、これからの日本人にとって重要な資質となろうとしている。英語教育においても、「外国語で積極的にコミュニケーションを図ろうとする態度を育てる」（学習指導要領）という目標が示され、「オーラル・コミュニケーションA、B、C」という科目による学習が行われてきた。さらに、平成15年度から学年進行で導入され

49

ている新学習指導要領においては、「外国語を通じて、言語や文化に対する理解を深め、積極的にコミュニケーションを図ろうとする態度の育成を図り、情報や相手の意向などを理解したり自分の考えなどを表現したりする実践的コミュニケーション能力を養う」ことが求められている。これは、外国語の文型や文法事項などについての知識を増やすだけでなく、外国語を使って自分の考えや相手の意向など様々な情報を伝え合う、実践的なコミュニケーション能力の育成を図ることを意味している。

　ところで、我々はコミュニケーションという言葉を聞くと、音声を媒体とした聞くこと・話すことの活動を思い起こしがちである。しかし、文字を媒体とした読むこと・書くことの活動も同様に重要なコミュニケーション活動である。特に情報化が進み、コンピュータが普及し、インターネットなどによる情報の交換が盛んになると、読むことや書くことのコミュニケーションもますます重要なものになってくるものと思われる。

　読むという活動について、天満（1989：9）は「文字で書かれたテキストを読むことを通して、書き手の意図する意味内容を理解すること」と定義付けている。つまり、文字という媒体があり、それがメッセージを運び、そのメッセージを読み手が解読するというプロセスを通じて、書き手と読み手の間にコミュニケーションが成立するのである。

　竹蓋（1982：130）は、日本人の読み方の特徴として「訳はつけられても意味が分からないことが多い」と述べているが、我々の指導する生徒についても、日本語訳は出来上がったが内容は全く分かっていないというような奇妙なことが時々起こる。このようなことが起こる根本的な原因は、読む活動をコミュニケーション活動としてとらえていないためではなかろうか。松本（1993：153）が指摘しているように、「何かの意図を持った書き手が存在することをまず認識し、その書き手が英文を通じて伝えようとしたメッセージを自分の知識や経験を総動員して受け止めるんだ」という心構えが必要であることをまず教師が再認識し、生徒にこのような意識を植え付けることが肝心である。平成6年度から実施

された学習指導要領のリーディングの目標に示された「書き手の意向な
どを読み取る能力を一層伸ばすとともに……」も、新学習指導要領の「英
語を読んで、情報や書き手の意向を理解する能力を更に伸ばすとともに、
この能力を活用して積極的にコミュニケーションを図ろうとする態度を
育てる」もこれと同じ趣旨であると言えよう。

3　英字新聞の活用

(1)　英字新聞活用の意義と学習の段階

　このような読むことのコミュニケーション活動の学習を「リーディン
グ」や「英語Ⅰ・Ⅱ」のテキストによって行うのは当然のことであるが、
その学習をより効果的に行うために、英字新聞の記事の活用を考えてみ
た。生きた英語として英字新聞を教材に用いれば、生徒の学習に対する
動機付けになり、学習意欲を高めることができ、授業を活性化できると
考えたからである。また、新聞の記事であれば、5W1Hを中心に概要
を把握することに努めることにより、読むことのコミュニケーション活
動が実践されやすいと思ったためでもある。

　小寺（1996：265-268）は、効果的なコミュニケーション活動を行う
ための教材として、英字新聞の記事の活用を考え、その理由として次の
ように述べている。

- ・記事の中には、学習者の個人的趣味に関係する内容や、学習者自
  身が持っている専門的知識を喚起させるような題材が多く含まれ
  ている。
- ・本物の英字新聞を切り抜いて、活字などもそのままの形で用いる
  ことは authenticity を増す効果につながり、学習の動機を一層高
  めることになる。
- ・最新の英字新聞を利用すれば、記事の内容のざん新性が学習者の
  興味を一層駆り立てることになる。
- ・新聞記事を教材にすることによって、その中に出てくるトピック

に関連した語彙や表現を学習したり、報告文、説明文などの構造
を習得できる。
・新聞に出てくる写真や図表などは、生徒の視覚に訴え、興味を高
めるとともに内容理解の助けともなる。

　また、松浦（1999：22）は、英字新聞の最も優れていると考える点は、
現在、日本や世界で起こっていることをリアル・タイムに生徒に提示で
きる教材であるとし、検定教科書と比較して、次のように主張している。

　　　どんなに努力して工夫してみても、教科書は新聞の速報性にはか
　　なわない。新聞に載る多くの記事の中から、生徒の関心や学校の実
　　態、地域性などを踏まえて、最も適切なものを教師の裁量で選び、
　　随時すぐにそれを生徒に提示できることが教材としての英字新聞の
　　最大の強みである。

　このように英字新聞の記事の活用は、生徒の英語学習への興味・関心
を高め、動機付けになるとともに、速読、多読の練習にもなり、また、
国際感覚を養うのにも役立つものと思われる。

　英字新聞の活用は、普通の授業の時間内で５〜10分程度実践する場
合と、英字新聞学習として単独の科目の中で十分時間をかけて行う場合
とが考えられるが、ここでは前者の場合について考察してみたい。

　英字新聞の記事から、生徒の英語力のレベルに応じて題材を選ばねば
ならないが、易から難へ進めていくとすれば、次のような段階が考えら
れる。まず、文章以前の単語や語句に慣れさせる段階で、テレビ番組、
天気予報、広告などを使用する。次に、比較的短く、易しい英文の記事
を使用し、英語の文章に慣れさせる段階で、写真とその説明文、漫画な
どを活用する。最後は、複数のパラグラフから成る英文記事を読み、本
格的に英字新聞読解に取り組む段階である。

　川之江高校での英字新聞を利用したリーディング学習は、平成９年度
は２年生、平成11年度は３年生が対象で、いずれも習熟度の高いクラ
スが主であったので、最初は写真説明の英文からスタートしたが、その
後は、できるだけ新しい記事を提供し、興味を持たせようと考えたため、

特に前頁のような段階は踏まなかった。

(2) 見出しについての学習

　リーディングの授業において、新聞記事のコピーを配り、しばらく各自で読ませ、まず見出しの意味を聞く。第3章で取り上げるような見出しについての約束事が理解できていれば、後は語彙の問題である。見出しの英語だけで考えるよりも、最初のパラグラフであるリードやその後にくるパラグラフをいくつか読ませてみたほうが分かりやすいと思う。普通は口頭で発表させるが、学習例1の場合は、自習時間に課題として与え、書いて提出させたものである。

［学習例1］（資料1）

　◇英文の見出しと記事を読んで、日本語の見出しをつけてごらんなさい。

　　《生徒解答例》桜の木とビーバーの闘い／ビーバーと戦う桜の木

　　　　　　　　　ビーバーに倒された桜の木／ビーバーと戦う有名な桜

　　　　　　　　　ビーバーとの争いに直面している桜の木

　内容が分かりやすく、英文も短かったため、多くの生徒が適切な見出しを付けることができたようである。

［学習例2］

　生徒たちがスポーツの記事に興味を持っていることは分かっていたので、大相撲の記事を示した後は、同年齢の若者が活躍した夏の高校野球の決勝戦の記事を使うことにした。しかし、Kiryu 9 cops crown という見出しは生徒にとってはかなり分かりにくいものであったように思われる。そこで、それぞれの語を次のように補ったり、言い換えたりして示した。

　　Kiryu = Kiryu Daiichi High School ／ 9 = baseball team ／
　　cops = captures or wins ／ crown = championship

(3) リードと本文の内容理解の学習

　コミュニケーションを目指すリーディングを考えると、これまでの精

読に偏った学習を、より多くの英語に接し、概要や要点をとらえる学習に切り換えていく必要がある。高梨・高橋（1987：100）が主張しているように、「よく分からない→速く読めない→楽しめない→読む量が少ない→ますます分からない」という悪循環を断ち切って、「楽しく読める→速く読める→多く読める→よく分かる→ますます楽しめる」という「良」循環に切り換えていかねばならない。そこで、少ない英文をゆっくりと詳しく読むのではなく、多くの英文を速く読む方策としてスキミングやスキャニングの方法を用いてみてはどうだろう。

英字新聞の記事をスキミング的に読む練習として、次のような活動を行った。

［学習例３］（資料１）

左の英文は THE DAILY YOMIURI の記事です。この記事の要点を50字程度の日本語にまとめてみましょう。

　（生徒要約例）

① 日本とアメリカの間の友情のシンボルで知られているワシントンの桜は、ビーバーによってダメージを受けた。

② 友好のシンボルとしてアメリカに贈られた桜の木。その木が今、ビーバーたちによって根元を食い荒らされ被害を受けている。

③ 日米友好の象徴として日本からワシントンに送られた3700本の桜が、今月の初めからビーバーにより幹が傷つけられている。

50字とかなり字数が少なく制限されていたので、生徒は何を表現し、何を捨てるか苦労したのではあるまいか。結局、リード（第１パラグラフ）の情報だけをまとめればいいような結果になってしまったが、かなりの生徒が概要を正しく把握していたようである。

［学習例４］（資料２）

この記事については、「５Ｗ１Ｈ（What, Who, When, Where, Why, How）を確認しよう」という指示を与えて読ませた。「最近の傾向としては、この６要素を無理な形で盛り込むことは、むしろ読みやすい記事を作成する障害となる場合もあり、実際には、必要とされるだけの主要

な要素を満たすことで十分とされる傾向にある」（阿部・桝田、1988：5）
と言われるが、読む立場からは概要をつかむ場合の手掛かりとして役立
つと思う。

　次に、スキャニング的リーディングの実践例を示すことにする。

［学習例5］（資料3）

　この記事については、おおむねパラグラフごとに設問を作ってみたが、
テレビや日本語の新聞などからの知識もあり、設問も具体的に数字で答
えるものが多かったためか、習熟度の低いクラスにおいてもかなり正答
率が高かった。

　また、リーディングにおいては、スキーマを利用して、積極的に予測、
推測しながら読むことが大切だと言われる。谷口（1992：15-16）によ
れば、スキーマは大きく内容スキーマと形式スキーマに分けられる。内
容スキーマとは、文化的、社会的な人間の実世界に関する知識をパター
ン化して記憶の中に収納しているものをいう。これに対して、形式スキー
マとは、文字、つづり、文法、パラグラフの構成、談話にいたるまで、
すべての言語的な知識に関するものである。

　英字新聞の記事をよりよく理解するためには、日ごろの英語学習にお
いて形式スキーマを増やすとともに、テレビやラジオ、日本語の新聞等
を通じて、様々な情報に対する内容スキーマを増やしておくことが大切
である。新聞記事に接した場合、まず、見出しや写真などによる初期連
想により何についての記事かを予測し、内容理解への方向付けをする。
次に、リード、そして第2パラグラフ以下へと形式・内容両スキーマを
利用し、5W1Hを探し、次第に詳細を得るべくリーディングを進めて
いくことになる。

⑷　英字新聞に対する生徒の興味

　生徒の興味・関心は多種多様であるが、教材として用いる記事はでき
るだけ多くの生徒が興味を持つようなものにしたいと思い、生徒の生活
に身近な記事、地域的に身近な記事、内容的に学習教材と関連した記事

などを選んだ。指導後、使用した記事で生徒が実際に興味を持ったものを知るために、10月にアンケートを行った。授業で読んだ17の記事について興味深く思ったものを三つずつ選ばせ、多かったのが次のものである。括弧内は人数。

① ファービー日本語版発売（20）

② ワシントンの桜ビーバーにかじられる（12）

② ビールびんに入れた手紙、10年を経て鹿児島からマレーシアへ（12）

② 全日空機ハイジャック（12）

⑤ 建設現場から4000万円持ち主現れる（9）

⑥ 建設現場から大金掘り出される（8）

⑦ だんご3兄弟（6）

⑦ 高校野球　桐生第一高校優勝（6）

1位の「ファービー」と2位の「マレーシアへ海を渡った手紙」の記事を興味深く思ったのは、その話題性のためであろう。もう一つ同点2位になった「ワシントンの桜」は、要約と日本語の見出しを書かせたため、そして「全日空機ハイジャック」は、下記のような4紙比較のために印象に残っているものと思われる。また、5位、6位の「建設現場から大金」の記事は、すぐ隣の市の出来事であったので特に関心が強かったのであろう。

一度だけであったが、興味付けのために同じ事件について同じ日の4種類の英字新聞の記事を示し比較してみた。使用した新聞は1999年7月24日付けの① ASAHI EVENING NEWS（以下 AENと略す）、② THE DAILY YOMIURI（以下 DY）、③ THE JAPAN TIMES（以下 JT）、④ MAINICHI DAILY NEWS（以下 MDN）であり、取り上げた記事は、全日空機のハイジャック事件に関するものである。

まず、見出しを比較させてみた。それぞれの新聞の見出しは次のとおりであった。

① HIJACKER FLEW ANA PLANE – AEN

　　　　　　　　　　　　　　第2章　英字新聞を活用したリーディング学習

②　Pilot killed in ANA jet hijacking － DY
③　ANA captain slain in a skyjack attempt － JT
④　Hijacker fatally stabs ANA pilot － MDN

　最初に、見出しの英文の特徴である冠詞の省略、受動態の be 動詞の
省略、過去形の代わりの現在形などを確認し、4紙の間での類似点、相
違点などを明らかにさせた。

　　・内容的には、3紙がパイロット（機長）の死亡を報じているのに
　　　対し、AENだけはハイジャック犯のジェット機操縦を報じ、機
　　　長の死は添え見出しで伝えている。
　　・AEN,DY,MDNでは、hijacker,hijackingという語を用いているが、
　　　JTだけは古風と感じられる skyjack という語を用いている。もっ
　　　とも本文では JT も hijack,hijacker を用いている。
　　・JTでは slain という新聞用語、MDNでは fatally stabs という新
　　　聞でよく使われる副詞の用法が示されている。さらにリードにお
　　　いては、この用法が DY 以外の3紙で用いられている。

　次に、リード及びそれに続く第2、第3パラグラフを比較してみる。

　　・当然のことながら、4紙ともリードにおいて機長が刺殺されたこ
　　　とを伝えている。
　　・乗客数については、DYのみがリードで、他紙は第2、第3パラ
　　　グラフで触れているが、AENは乗務員も含めた数を示している。
　　・犯人の年齢（28歳）は、AEN,DY,JTにおいては第2または第3
　　　パラグラフで示されているが、MDNでは第10パラグラフでやっ
　　　と出てくる。
　　・犯人の名前は、JTだけが載せており、他紙は公表せず、hijacker,
　　　suspect, 28 － year － old man, knife － wielding man などという
　　　語、語句で言及している。

(5)　生徒の反応
　半年足らずの期間で、わずか17回（記事数は20）にすぎないが、英

57

字新聞の記事に接して、どう感じたか、どう考えたかを知るために5月と10月とにアンケートを実施した。どちらの調査においても英字新聞を購読している生徒は一人もいなかった。「3年生になるまでに英字新聞を読んだことがありましたか」という問い（5月）に「あった」と答えたものが12.5％（5人）、「なかった」が80.0％（32人）、「分からない」が7.5％（3人）であった。購読しない理由（複数回答あり）で最も多かったのは、「難しすぎて読めない」が45.0％（18人）、次が「読む時間がない」32.5％（13人）、以下「興味がない」30.0％（12人）、「費用がかかる」17.5％（7人）、「購読の仕方が分からない」12.5％（5人）などであった。

その他の問いに対する答えの比率（％）と人数（括弧内）は以下のとおりである。

◇将来、英字新聞を購読してみたいと思いますか。

	5月	10月
思う	42.5（17）	15.0（6）
思わない	45.0（18）	40.0（16）
分からない	12.5（5）	45.0（18）

◇英字新聞は英語力の向上に役立つと思いますか。

	5月	10月
思う	72.5（29）	85.0（34）
思わない	5.0（2）	7.5（3）
分からない	22.5（9）	7.5（3）

◇英字新聞を読むことは何に役立つと思いますか。（10月のみ／複数回答）

読解力の向上	82.5（33）
語彙力の向上	42.5（17）
国際理解	35.0（14）
表現力向上	22.5（9）
英文法力の向上	10.0（4）

実際に英字新聞の記事を読ませてみて、購読してみたいという生徒が

第2章　英字新聞を活用したリーディング学習

3分の1近くに減少したのは残念である。これは、実際に読んでみてそんなに簡単ではないということを実感したためであるかもしれない。しかし、英語力の向上に役立つと考える者が、85％に達していることを考えると、調査が10月下旬という時期で、大学受験を目前にして、とても英字新聞購読というような余裕はないと考えた生徒が多かったのが原因ではなかろうか。アンケートの最後で、英字新聞の記事を読んで感じたことを自由に書かせてみた。その主なものは次のようである。

・思っていたよりは難しくなかった。機会があれば、もっと読みたい。
・最初は難しくてさっぱり分からなかったけど、少しずつ、本当に少しずつだけど分かってきた気がする。
・日本や世界で起きたことが分かってよかった。読んでみると、単語の意味は分からなくても、なんとなく文の意味がつかめた気がする。
・習わないような名詞が出てきて、意味が分からないときは少し読みにくかった。しかし、見出しの意味が分かるものは内容もなんとなく読め、結構面白かった。
・英語だとどう表現されているか興味深かった。
・知っている内容ならある程度は分かるけれど、知らない内容のものは、読むのが難しかった。
・大学の出題傾向によっては大いに受験対策になると思う。

このようなアンケート結果から、今すぐに定期購読とまではいかなくても、かなり興味は示しているようなので、将来大学生などになって読んでみようという生徒も出てくるのではないかと思う。現に、アメリカの大学に留学する予定の生徒がこれからどんな英字新聞を読めばいいか尋ねて来たりし始めている。

59

4 おわりに

　読むことのコミュニケーションと英字新聞の記事を用いたリーディング学習は3年生の習熟度の高いコースで実施した。同じコースの他のクラスの進度に遅れないように本来の教材を進めなければならないので、新聞記事の読みに使った時間は限られたものであった。この活動によってどれだけ英語力がついたか、それは微々たるものであると思われるが、教科書や問題集の英語とは違った、authenticな時事英語に触れることで何かを得てくれたものと思う。内容的に、生徒の興味を優先し、身近な話題を取り上げたことが多かったため、国際理解という観点からは、不満足なものになってしまったようにも思われる。しかし、鈴木（1999: 118-124）が主張しているように、日本の英語教育を発信型に切り換え、高校レベルでは日本事情の発信準備をするというのであれば、今回利用したような（日本の）英字新聞の日本についての記事が適切ということになる。読みを中心にした英字新聞の活用をさらに、発信にどう結び付けていくかは今後の課題となろう。

第2章　英字新聞を活用したリーディング学習

資料1

Cherry trees face battle with beavers

Yomiuri Shimbun

WASHINGTON—Cherry trees in Washington, known as symbols of friendship between Japan and the United States, have been under attack by beavers since earlier this month, prompting authorities to launch a campaign to control the spread of the animal.

There are about 3,700 cherry trees around the Tidal Basin, an artificial pond near the White House into which the water of the Potomac River is drawn. The trees were planted as gifts from Japan before World War II.

Park authorities were concerned as a popular cherry blossom festival parade was to be held Saturday, in which "cherry blossom queens" from Japan and the United States were to participate.

The authorities have discovered many cherry trees damaged by beavers, which caused nine cherry and cedar trees to be felled.

This is the first occasion that damage has been caused by the animals to the cherry trees, according to authorities.

Yomiuri Shimbun
Washington cherry trees whose bark was gnawed away by beavers are covered with steel mesh to prevent further damage.

左の英文は THE DAILY YOMIURI (Sun. April 11, 1999) の記事です。
◇この記事の要点を５０字程度の日本語にまとめてみましょう。

◇英文の見出しと記事を読んで、日本語の見出しをつけてごらんなさい。
　_____
　_____

(　　) HR No. (　　) Name (　　　　　　　)

資料2

Message in bottle found in Malaysia decade later

By Hiroaki Hayashida
Yomiuri Shimbun Correspondent

/ SINGAPORE—A message contained in a beer bottle thrown into the sea 10 years ago by a boy in Tanegashima, Kagoshima Prefecture, was discovered on the coast of Trengganu State, Malaysia, in April, it was learned Tuesday.

z An employee from BP Amoco, a petroleum company, found the bottle on April 23 while cleaning the eastern shoreline as part of the company's efforts to protect sea turtles. Trengganu State is located more than 4,000 kilometers from Tanegashima.

（以下は省略）

5Ｗ1Ｈ (What, Who, When, Where, Why, How) を確認しよう。

61

資料3

3rd route linking Shikoku with Honshu opens

Yomiuri Shimbun

OSAKA—The Shimanami route, which links Honshu and Shikoku via bridges spanning eight islands in the Seto Inland Sea, opened to the public Saturday.

The 59-kilometer route, which features 10 bridges, connects Onomichi, Hiroshima Prefecture, with Imabari, Ehime Prefecture.

The route will shorten the time it takes to travel between the two cities by half, to about 1 hour 20 minutes.

The Seto Ohashi Bridge became the first overland link between Honshu and Shikoku, from Kojima, Okayama Prefecture, to Sakaide, Kagawa Prefecture, when it opened in 1988.

Last April saw the opening of an expressway between Kobe and Naruto, Tokushima Prefecture.

The Honshu-Shikoku Bridge Authority took 24 years to build the three routes, at a total cost of about ¥3 trillion.

The latest route, which cost ¥750 billion to construct, claimed the lives of seven men who died while working on Kurushima Kaikyo Bridge in July last year.

Opening ceremonies were held at several locations along the route Saturday. The Crown Prince and Princess were among the guests at a ceremony held at noon at the Setoda parking area in Setodacho, Hiroshima Prefecture.

The Nishi Seto Expressway comprises four lanes, two in either direction, along most of the new route.

One of the route's novel features is the inclusion of paths for cyclists and pedestrians. The route is expected to attract thousands of additional tourists every year, bringing economic benefits to the islands' 100,000 residents.

Tatara Bridge, which connects Ikuchijima and Omishima islands, is the world's longest cable-stayed bridge.

The toll fee between Onomichi and Imabari is ¥5,250 for regular vehicles, ¥8,600 for large vehicles, ¥510 for bicycles and free for pedestrians.

1　しまなみ海道は瀬戸内海のいくつの島を結んでいるか？

2　５９キロのルートに橋はいくつ？

3　このルートを利用すると尾道・今治間の所要時間は？

4　瀬戸大橋の開通はいつ？

5　本四架橋に要した年数と金額は？

6　来島海峡大橋の工事で亡くなった人は何人？

7　皇太子夫妻が出席された開通式の式場は？

8　このルートの特徴のひとつは？

9　尾道・今治間の通行料はいくら？

（写真と地図は省略）

第3章　英字新聞の見出しと略語の学習

1　はじめに

　最近、学校教育において新聞が利用されるようになり、NIE（Newspaper in Education）という略語がよく見かけられる。新聞はその速報性や正真性（authenticity）のために生徒の興味をひきつけるという利点があるからである。他の教科の場合はたいてい日本語の新聞を利用することになると思われるが、英語教育においてはほとんどの場合、英字新聞の利用ということになるであろう。本章での実践においては2年生が対象であり、英語力、特に語彙力が不十分であろうと思われたので、前章の3年生対象の場合と違い、段階的な学習を心がけた。また、内容的には国際理解に役立つような記事も取り上げるよう工夫した。そのような学習について、ここでは特に英字新聞の見出しの特徴と、そこに表れる略語、その中でも使用頻度の高い頭字語（acronym）に関する調査と学習を中心に述べてみたい。

2　英字新聞利用の意義

　英字新聞を英語の学習で利用する意義はいろいろあると思われるが、その一つは正真性であろう。検定教科書と違って、新聞記事は生徒にとって魅力のある教材のようであるが、その理由として山本（2000：288）は、「新聞という媒体が『今』を切り取って authentic な英語を発信しているからだろう」と言っている。本物の英字新聞の記事を、活字も写真もそのままの形で用いることは authenticity を高める効果があり、生徒の学習意欲を引き出すのに大いに役立つと言えよう。天気予報

63

やTVの番組表を教材として利用するとすれば、それはその日や翌日の情報を与えてくれるので、本当に生活に役立つ情報となり、英語が自分の生活に生きて機能していることを実感できる。何か月も何年も前の天気予報や番組表ではほとんど意味がない。

　新聞の速報性もまた検定教科書にはない大きな魅力である。現在、日本や世界で起こっていることをリアルタイムで生徒に示すことができる。まだ知らない出来事などについて英字新聞でその詳細を知ることができるとすれば、まさに英語が本物の情報伝達の道具として機能していることになる。筆者の場合、その日の新聞の記事を授業で使う場合もあるが、その場合、生徒は日本語の新聞でもまだ読んでいない出来事についての記事を英語で読むことになり、それだけ新鮮さを感じ、いっそう興味を示しているようである。

　新聞の記事には、生徒の個人的な趣味や関心を持つ内容のものが含まれており、そのような記事を用いれば生徒の学習意欲を高めることができる。今年度の最初の段階ではTVの番組表を利用したが、習熟度の低いクラスの英語が嫌いな生徒もかなり関心を持って学習に取り組んでいた。月曜日の授業で前日の日曜日のTV番組表を示し、習熟度の高いクラスではその内容について英問英答を行い、習熟度の低いクラスにおいては、番組表を見て分かったことを自由に書かせた。アニメやコメディー、バラエティ番組そしてプロ野球の試合があったことを書いた者が多かった。また、NHKを中心に天気予報を1日に何回もやっていることや各局の放送開始・終了時刻を確認した生徒もいた。また、使われている英語について「けっこう簡単な単語が使われており、英語がそのまま日本語の番組名になっているものがあることが分かった」と書いている者もいる。さらに、英語が全く不得手な生徒も「アメリカのTVかと思ったら日本のTVだったので、ビックリした」とか、「英語で書いているけど、何となく分かった」と十分に興味を示していた。

第3章　英字新聞の見出しと略語の学習

3　英字新聞の見出しの特徴

　高校生が英字新聞を読もうとするとき克服しなければならない点がいくつかある。まず、英字新聞でよく用いられる語彙を身に付けることである。そして、特に見出しに典型的に見られる、特有の表現・語法があるのでこれに慣れることである。見出しの特徴としては、次のような点を学習した。

　①　現在形で過去を表す。

　　Takahashi <u>runs</u> to marathon gold

　　Kim Dae Jung <u>urges</u> Mori to give more food aid to North Korea

　②　to 不定詞で未来を表す。

　　NASDA <u>to launch</u> 1st H-2A without satellite

　　Tokyo <u>to ban</u> diesel vehicles from supplying government

　③　be動詞は省略される。

　　Gymnastics queen ∧ stripped of crown

　　Tobacco Giants ∧ Shifting Focus to Asia

　④　冠詞は省略される。

　　∧ Russian plane lands in Baghdad

　　∧ 3rd route linking Shikoku with Honshu opens

　⑤　略語が多用される。

　　<u>BOJ</u> decides to halt zero-interest rate policy

　　Belgrade：<u>NATO</u> continues aggression

　⑥　短い同義語が使用される。

　　aid（＝assist），cut（＝reduce），hit（＝attack），rap（＝criticize），
　　see（＝expect），wed（＝marry）

　⑦　コロン（:）は say の、コンマ（,）は and の代わりに使用される。
　　文尾にピリオドは使用しない。

　　Poll: Bush closes gap with Gore

　　Govt to increase ODA to India, Pakistan

65

このような特徴を生徒に例を示しながらまとめて説明するとともに、見出しのついた個々の記事について本文との関連で考えさせたり、改めて説明したりして、しだいに慣れさせるようにしたい。

4　英字新聞頻出の略語の学習

　既に述べたように、新聞英語では略語が多用され、文の簡素化に役立っており、特に見出しではスペースを節約している。読者側から考えると、略語の知識があるかどうかで見出しの理解度に差が生じることになるが、これは限られた語数の見出しの中で略語が重要な役割を果たしているからである。新聞を読む際に読者は見出しを見ることによってどの記事を読むかを決めることが多いと思うが、そのカギになるのが略語と言えるかもしれない。

(1)　略語の分類
　略語にもいろいろあり、作り方によって分類すると次のようになる。
（井上（編）、1966：1-3）

　　① 頭部（最初の1字ないし数個の字）を残すもの

　　　p. = page, adj. = adjective, Sun. = Sunday

　　② 中部を残すもの

　　　flu = influenza, tec = detective

　　③ 後部を残すもの

　　　bus = omnibus, phone = telephone, plane = airplane

　　④ 最初と最後の字を残すもの

　　　ft. = feet, Ky. = Kentucky, Mr. = Mister, Dr. = Doctor

　　⑤ つづりの中の主要な音字を残すもの

　　　asst. = assistant, bld.（or bldg）= building, govt. = government

　　⑥ 語群や複合語の各頭文字を主として残すもの

　　　P.O. = Post Office, U.N. = United Nations,

U.S.A. = United States of America

(2) 英語教科書の略語

次に、このような略語が中学、高校（英語Ⅰ、Ⅱとリーディング）の英語教科書でどの程度使われているか見てみよう。

a 中学校英語教科書 （*ONE WORLD English Course* 1‑3）

ad, a.m., C.D., km/h, Mr., Ms., Mt., No., OK, P.E., p.m., TV, UFO, U.S.A., Jan. など月の名前の略など

b 高校の英語教科書

(a) 英語Ⅰ （*Genius English Course I* Revised）

ad, AIDS, DNA, exam, kilo, math, Mr., Mrs., Ms., O.K., TV, UFO など

(b) 英語Ⅱ （*Genius English Course II* Revised）

Mr., pH, p.m., St., TV, U.S., U.S.A. など

(c) リーディング （*CREATIVE English Course* Revised Edition）

DDT, Dr., I.D., i.e., M.A., mph, Mr., Mrs., TV, U.S., U.S.A. など

以上の略語は、教科書の主として本文に現れるもので、これ以外に本文以外に出ているものが少しはあるが、どの教科書も略語の使用は極めて限られていると言えよう。

(3) 高校生の略語に対する知識

このような英語の教科書から得られる略語の知識は極めて限られており、英字新聞を読む場合にはあまり役立たない。むしろ、中学校の社会科や高校の地歴・公民科で得る知識のほうが、英字新聞の記事とは、より密接な関係があるように思われる。そこで、地歴・公民科の教員のアドバイスも得て、高校生の略語（主として、acronym）に関する知識がどの程度あるかを調べてみることにした。

小林（1994）を参考にして、主に 2000 年 8 月と 9 月上旬の *The Daily Yomiuri* の見出しから、よく使われる略語を 25 選んだ。それらは次頁の

67

とおりであり、社会、政治、経済、軍事、保健、スポーツの六つの分野に渡っている。

AIDS, BOJ, CTBT, EPA, EU, FIFA, GDP, IMF, IOC, IT, LDP, MITI, MPD, NATO, NGO, ODA, OPEC, PKO, ROK, SDF, TB, U.N., VIP, WHO, WTO

調査においては、略語は見出しの文中で示し、その日本語での正しい表現を四つの選択肢から選ばせる形式にした（資料1）。調査対象は、各学年2クラスずつ、計222名であり、2000年9月下旬に実施した。その結果が表1である。

この表によると、全体の正答率は1年生44.5％、2年生47.8％、3年生50.9％と学年が進むにつれて高くなっている。しかし、その差は小さく、一元配置分散分析によると学年間に有意差があるとは言えないようである。個々の語について見ると、PKOのように学年が進むにつれて率の下がるものや、ODAやFIFAのように1年生が2、3年生よりも率の高いものもある。全体的に見て、NGOやAIDSなど正答率が高い略語は、新聞やTVなどのマスメディアや教科書でよく用いられるものである。しかし、WTOについては、なぜこれほど高い率を示すことになったのか筆者には分からないし、地歴・公民科の教師に聞いてもよく分からないらしい。一方、特に率が低いものはCTBTなどを除いて、英字新聞ではよく用いられるが、日本語の文脈ではほとんど用いられない語である。調査結果で意外に思われるのは、調査を行ったのがシドニーオリンピック開催中であったにもかかわらず、IOCの正答率が全体でわずか40.1％であったことである。1年生38名について誤答を分析してみると、正答の「国際オリンピック委員会」が11名（28.9％）であるのに対して、誤答の「国際オリンピック連盟」13名（34.2％）、「国際オリンピック協会」9名（23.7％）、「全日本オリンピック協会」5名（13.2％）であった。これは、IOCがオリンピックに関するものであることは知っていても、日本語での言い方の正確な知識に欠けていたためではなかろうか。また、よく使われるUNやWHOも38.7％と低い正答率であり、これも意外に思われる。

第3章　英字新聞の見出しと略語の学習

表1　英字新聞頻出略語正答率（単位：％）

学　年	1年生	2年生	3年生	全体
調査人数	78名	74名	70名	222名
1　NGO	73.1	81.1	82.9	78.8
2　WTO	65.4	85.1	78.6	76.1
3　AIDS	64.1	75.7	88.6	75.7
4　EU	73.1	75.7	72.9	73.9
5　NATO	67.9	73.0	75.7	72.1
6　PKO	84.6	79.7	47.1	71.2
7　OPEC	50.0	63.5	71.4	61.3
8　IMF	51.3	54.1	52.9	52.7
8　TB	48.7	50.0	60.0	52.7
10　ODA	64.1	25.7	58.6	49.5
11　FIFA	51.3	41.9	50.0	47.7
12　MPD	42.3	44.6	45.7	44.1
13　SDF	32.1	48.6	44.3	41.4
14　IOC	34.6	36.5	50.0	40.1
14　IT	39.7	37.8	42.9	40.1
16　EPA	30.8	37.8	51.4	39.6
17　UN	33.3	33.8	50.0	38.7
18　WHO	32.1	44.6	40.0	38.7
19　GDP	28.2	41.9	34.3	34.7
19　VIP	34.6	29.7	40.0	34.7
21　LDP	23.1	40.5	27.1	30.2
22　BOJ	32.1	25.7	25.7	27.9
22　CTBT	24.4	24.3	35.7	27.9
24　MITI	19.2	17.6	24.3	20.3
25　ROK	11.5	27.0	22.9	20.3
合　計	44.5	47.8	50.9	47.6

⑷　略語の学習

　このような調査結果を得て、英字新聞への取組を少しでも楽にするた
めと、また、一般常識を豊かにするために、資料2のような「英字新聞

頻出略語一覧」を作成し、調査に協力してもらった六つのクラスに配布した。さらに、それらのクラスには、正答率（各学年と全体）、「正答率ベスト５」、「正答率ワースト５」の略語を示し、特に「ワースト５」については、「頻出略語一覧」を活用して、正しい日本語表現を確認させた。

　その後しばらくしてから、略語が実際に見出しの中でどう使われ、本文とどのようにかかわっているのかを理解させるために、資料３のような略語を含んだ見出しと記事本文を結び付ける活動を行ってみた。５分程度で結び付けさせたが、２年生41名から成るクラスで、５問とも正解が30名（73.2％）、３問正解が７名（17.1％）、２問が２名（4.9％）、全問誤答が２名（4.9％）とかなり良い結果が出た。解答用紙を提出させた後、見出しや本文の略語の用法について概ね次のような点を指摘した。

① 　本文では、まず完全なスペリングが示され、次に略語が使われるのが普通である。

　　(1)の例では、Japanese Communist Party, Self-Defense Forces がまず示され、その後で JCP，SDF が使われている。

② 　(2)、(3)などの U.S. や U.N. は、日常的に使われ、よく知られているので、最初から略語が使われることが多い。

③ 　(5)の JOMAS のように、完全なスペリングの後に（　）で略語が示されることもある。

④ 　見出し(b)で使われている ROK は、Republic of Korea の略であるが、本文中ではもっぱら South Korea が使用されている。

⑤ 　見出し(e)で用いられている APEC nations は、本文でまず Pacific Rim nations と示され、Asian-Pacific Economic Cooperation Forum という語句は第２パラグラフで出てくる。

　さらに、今後この略語一覧を英字新聞を読む際に活用させるなど時事英語への意識を高めていきたいと思っている。

5 生徒の反応

2000年4月から2001年1月まで英語IIの授業で、英字新聞の記事を15回使用した。それ以外に上記のような略語に関する学習も行った。1月下旬にこのような活動について生徒（2年生40名）に対してアンケートを実施し、その反応を確かめた。

2年生になるまでに英字新聞の記事を読んだことがあった生徒は、わずか15.0％（6名）で、読んだことがなかった者が80.0％（32名）を占めていた。この80％の生徒にとっては、本格的な英字新聞の記事を読むことは全く新しい経験であったはずである。しかし、英字新聞に「興味を持つようになった」と答えた生徒は20.0％（8名）にすぎず、半数以上の57.5％が「どちらとも言えない」と答えており、「興味を持つようにならなかった」が22.5％（9名）いた。その理由としては、「英語が分からない」、「英語が読めない」、「英語がきらい」などと答えていた。おそらく最初は興味を持って取り組んだのであろうが、2年生では十分な英語力がなく、興味を保持できなくなってしまったのであろう。生徒の興味を保持させるためには、内容が理解しやすいように語彙などの点で指導を工夫しなければなるまい。一方、少数であるが、興味を持つようになり、今後もこの活動を続けて欲しいと答えた生徒は、その理由を次のように述べている。

- ・教科書を読むよりも新聞のほうが身近な話題が多いので興味が湧いていいと思う。
- ・同じ内容の記事でも英語で新聞を読むと、日本語とは違った印象を受けて面白い。
- ・英字新聞には日常的な単語などがたくさん出てきて、勉強になるのでどんどん取り入れて欲しい。
- ・新聞という身近なもので、内容も分かりやすく、英語の長文に親しめる。
- ・実際にどのような英語がよく使われているのかよく分かる。

英字新聞に興味を持ち、読めるようになるには、背景的知識を増すこと、カギとなる語彙力を高めることなどが大切であるが、生徒が興味を持つ分野の記事を選ぶことも大切であろう。アンケートによると、生徒が読みたいと思っている分野は次のようである。

　　①　芸能（26名）、②　スポーツ（19名）、③　漫画（18名）、④　国際理解に関するもの（12名）、⑤　自然環境（8名）、⑤　政治（8名）、⑦　社会（6名）、⑦　教育（6名）など。

　略語については、「まだあまりよく分からない」が70％いるが、調査の後でこれに慣れさせる学習の時間を取ることができなかったので、仕方のないことと思う。今後の学習の課題となろう。

6　おわりに

　本章では主として、英字新聞の略語についての調査および学習について述べてみた。教科「英語科」の「時事英語」などの授業であれば、十分時間をかけて体系的に学習を行えるであろう。「英語Ⅰ」、「英語Ⅱ」、「リーディング」などの授業の中で、ほんのわずかな時間をとって行う英字新聞の学習ではあまり多くは期待できないが、学習への動機付けには役立っていると思う。英語学習全般を考えると、略語の学習はあまりにもささいなことであり、もっと基本的な語彙の学習が大切であると思われるが、英字新聞、特にその見出しを理解することを考える場合には無視できないものと感じ、これを取り上げてみた。

　『高等学校学習指導要領解説　外国語編　英語編』（文部省、1999：141）の「時事英語」の部分に、「新聞や雑誌記事には今日的な話題や事象についての用語や表現が使われているので、地理歴史科、公民科をはじめ他の教科と連携しながら学習を進めたり……」とあるが、学習すべき略語の選択の場合など、今後さらに他教科の助けも借りたいと思っている。

第3章　英字新聞の見出しと略語の学習

資料1　英字新聞頻出略語調査

次の1～25は英字新聞の見出しである。その中で使われている略語（下線）に対する日本語として最も適切なものをそれぞれア～エから1つ選び、記号に〇をつけよ。

1　British MP gets first test shot of AIDS vaccine
　　ア　先天性免疫不全症候群　　　　　　　　　　　イ　後天性免疫不全症候群
　　ウ　先天性免疫不能症候群　　　　　　　　　　　エ　後天性免疫不能症候群
2　BOJ decides to halt zero-interest rate policy
　　ア　大蔵省　　　　　　イ　経済企画庁　　　　　ウ　日本銀行　　　　　　エ　税務署
3　Pakistan not ready to sign CTBT, official says
　　ア　核実験全面禁止条約　イ　戦略兵器制限交渉　ウ　核拡散防止条約　　　エ　戦略兵器削減交渉
4　EPA indicates economy still on 'recovery path'
　　ア　大蔵省　　　　　　イ　経済企画庁　　　　　ウ　通産省　　　　　　　エ　総務庁
5　EU dangles carrot before Serbs
　　ア　欧州連合　　　　　イ　欧州共同体　　　　　ウ　欧州委員会　　　　　エ　欧州通貨単位
6　FIFA set to adopt World Cup rotation
　　ア　国際食料農業機関　イ　国際スポーツ連盟　　ウ　国際サッカー連盟　　エ　国際サッカー協会
7　GDP to determine extra budget
　　ア　国民総生産　　　　イ　国内総生産　　　　　ウ　国民総支出　　　　　エ　国内総支出
8　IMF raises growth forecast
　　ア　国際通貨基金　　　イ　国際金融基金　　　　ウ　国際金融機関　　　　エ　国際開発基金
9　IOC gives Osaka go-ahead to pursue 2008 Olympic bid
　　ア　国際オリンピック連盟　　　　　　　　　　　イ　国際オリンピック協会
　　ウ　全日本オリンピック協会　　　　　　　　　　エ　国際オリンピック委員会
10　Government moves to draw up national IT strategy law
　　ア　国際貿易　　　　　イ　国際通信　　　　　　ウ　集積回路　　　　　　エ　情報技術
11　LDP members support open-list system
　　ア　液化石油ガス　　　イ　国民総生産　　　　　ウ　自民党　　　　　　　エ　民主党
12　TEPCO loses MITI bid to new firm
　　ア　通産省　　　　　　イ　大蔵省　　　　　　　ウ　経済企画庁　　　　　エ　道路公団
13　MPD staked out bar to nab suspect
　　ア　警察庁　　　　　　イ　検察庁　　　　　　　ウ　警視庁　　　　　　　エ　特捜隊
14　Belgrade: NATO continuing aggression
　　ア　北大西洋条約会議　イ　北大西洋条約機関　　ウ　北太平洋条約機関　　エ　北大西洋条約機構
15　Osaka IT firm to donate part of profits to NPO's, NGO's
　　ア　政府機関　　　　　イ　非政府組織　　　　　ウ　非営利団体　　　　　エ　国民範福祉
16　Govt to increase ODA to India, Pakistan
　　ア　海外開発援助　　　イ　国際開発援助　　　　ウ　政府開発援助　　　　エ　公的開発援助
17　Clinton urges OPEC to boost output
　　ア　開発援助委員会　　イ　石油開発連合　　　　ウ　石油輸出国機構　　　エ　石油輸入国機構
18　U.N. panel urges steps to strengthen PKOs
　　ア　パレスチナ解放機構　　　　　　　　　　　　イ　国連平和維持活動
　　ウ　パレスチナ解放人民戦線　　　　　　　　　　エ　平和部隊
19　ROK doctors urged to return to work
　　ア　大韓民国（韓国）　　　　　　　　　　　　　イ　朝鮮民主主義人民共和国（北朝鮮）
　　ウ　中華民国（台湾）　　　　　　　　　　　　　エ　中華人民共和国（中国）
20　7800 SDF members to join disaster drill
　　ア　警察官　　　　　　イ　消防団　　　　　　　ウ　機動隊　　　　　　　エ　自衛隊
21　22 test positive in Saitama TB screening
　　ア　テレビ　　　　　　イ　結核　　　　　　　　ウ　タバコ　　　　　　　エ　肺炎
22　U.N. body to compile production standard
　　ア　アメリカ　　　　　イ　イギリス　　　　　　ウ　国際連合　　　　　　エ　欧州連合
23　Bank gave VIP treatment
　　ア　有名人　　　　　　イ　聖人　　　　　　　　ウ　名人　　　　　　　　エ　要人
24　WHO: Tobacco firms tried to foil antismoking campaign
　　ア　世界保健機構　　　イ　世界保健機関　　　　ウ　世界健康機構　　　　エ　世界健康機関
25　U.S. supports Taiwan's WTO bid
　　ア　世界通信機構　　　イ　世界銀行　　　　　　ウ　世界労働組合連合　　エ　世界貿易機構

73

資料2 英字新聞頻出略語一覧

AIDS	後天性免疫不全症候群	Acquired Immune Deficiency Syndrome
APEC	アジア太平洋諸国間僚会議	Asian Pacific Economic Cooperation Conference
ASDF	航空自衛隊	Air Self-Defense Force
ASEAN	東南アジア諸国連合	Association of Southeast Asian Nations
BOJ	日本銀行	Bank of Japan
CIA	米国中央情報局	Central Intelligence Agency
CIS	独立国家共同体	Commonwealth of Independent States
CTBT	包括的核実験禁止条約	Comprehensive Test Ban Treaty
EC	欧州共同体	European Community
EPA	経済企画庁	Economic Planning Agency
EU	欧州連合	European Union
FBI	米国連邦捜査局	Federal Bureau of Investigation
FIFA	国際サッカー連盟	Federation of International Football Association
FRC	財政再生委員会	Financial Reconstruction Commission
FTC	公正取引委員会	Fair Trade Commission
GATT	関税と貿易に関する一般協定	General Agreement on Tariffs and Trade
GDP	国内総生産	gross domestic product
GSDF	陸上自衛隊	Ground Self-Defense Force
IEA	国際エネルギー機関	International Energy Agency
ILO	国際労働機関	International Labor Organization
IMF	国際通貨基金	International Monetary Fund
IOC	国際オリンピック委員会	International Olympic Committee
IT	情報技術	Information Technology
JCP	日本共産党	Japanese Communist Party
LDP	自民党	Liberal Democratic Party
MITI	通産省	Ministry of International Trade and Industry
MPD	警視庁	Metropolitan Police Department
MSDF	海上自衛隊	Maritime Self-Defense Force
NASA	アメリカ航空宇宙局	National Aeronautics and Space Administration
NASDA	(日本の)宇宙開発事業団	National Space Development Agency of Japan
NATO	北大西洋条約機構	North Atlantic Treaty Organization
NGO	非政府組織	non-governmental organization
NMD	米本土ミサイル防衛	National Missile Defense
NPA	警察庁	National Police Agency
ODA	政府開発援助	Official Development Assistance
OPEC	石油輸出国機構	Organization of Petroleum Exporting Countries
PKO	国連平和維持活動	United Nations Peacekeepng Operations
PLO	パレスチナ解放機構	Palestine Liberation Organization
POW	捕虜	prisoner of war
ROK	大韓民国（韓国）	Republic of Korea
R.P.	フィリピン	Republic of the Philippines
SDF	自衛隊	Self-Defense Forces
TPP	環太平洋戦略的経済連携協定	Trans-Pacific Partnership
U.K.	連合王国（英国）	United Kingdom
U.N.	国連	United Nations
UNESCO	国連教育科学文化機構	United Nations Educational,Scientific and Cultural Organization
UNSC	国連安全保障理事会	United Nations Security Council
VIP	要人	very important person
WHO	世界保健機構	World Health Organization
WTO	世界貿易機構	World Trade Organization
FTA	自由貿易協定	Free Trade Agreement
IS	イスラム国	Islamic State
LLC	格安航空	Low Cost Carrier
Mers	中東呼吸器症候群	Middle East Resparatory Symdrom
PM	首相	Prime Minister

第3章　英字新聞の見出しと略語の学習

資料3　英字新聞の見出しと本文を結び付ける練習問題

下の(1)～(5)の新聞記事の見出しとして適切なものを次の(a)～(e)から選びなさい。

(a) **NGO funds school for kids in Indian slums**

(b) **ROK gets control over section of border**

(c) **UNSC accepts PKO reforms; big powers reject proposal**

(d) **JCP OK's use of SDF, reorganizes leadership**

(e) **APEC nations urge new round of WTO talks**

（1）

Kyodo News

The Japanese Communist Party on Friday adopted a resolution approving the use of the Self-Defense Forces in emergencies, as well as a revision of its constitution to abandon the idea of the "vanguard party."

The new policy concerning Japan's de facto military forces, which the JCP still regards as unconstitutional, was endorsed in the closing session of the party's 22nd convention, which started Monday in Atami, Shizuoka Prefecture.

In the resolution, participants shared the view that the existence of the SDF runs contrary to Japan's war-renouncing Constitution, but "it is natural to use the existing forces for people's safety in emergencies."

（2）

BANDAR SERI BEGAWAN, Brunei (AP)—Pacific Rim nations reached a compromise Thursday to call for a new round of world trade talks that would consider the needs of developing countries, which fear they are being left behind in the new global economy.

Led by U.S. President Bill Clinton, wealthy nations had entered this year's annual summit of the 21-member Asia-Pacific Economic Cooperation forum hoping to urge the World Trade Organization to start new talks by 2001—after the most-recent effort failed miserably last year in Seattle with riots raging outside.

（3）

SEOUL (AP)—North Korea accepted a U.N. proposal to allow South Korea to control a section of their heavily armed border for construction of a railway linking the divided states, South Korean defense officials said Thursday.

The move came at a meeting of military representatives of North Korea and the U.S.-led U.N. Command on Thursday at the border village of Panmunjom, inside the four kilometer-wide demilitarized zone separating the two Koreas.

（5）

BIJAPUR, India—Japan Overseas Missionary Activity Sponsorship (JOMAS), a nongovernmental organization that received the Yomiuri International Cooperation Prize in 1997, has used the prize money and other funds to construct a school for children living in the slums of an Indian town.

The school, named the Loyola Yomiuri School, aims to help the children become independent by providing them with an education.

A ceremony was held earlier this month to inaugurate the school, which Ayako Sono, a novelist and the head of JOMAS, attended.

（4）

UNITED NATIONS (Reuters)—The U.N. Security Council approved broad peacekeeping reforms on Monday but its five major powers rejected a proposal they commit themselves to providing troops for every mission.

A resolution, adopted unanimously, pledged members to devise peacekeeping mandates that were clear, credible and achievable, dispatch troops within 30 days after a mission is authorized and make other general improvements.

Bangladesh, however, chastised the council's five permanent members for letting others do their fighting by contributing too few troops to peacekeeping operations they authorized.

75

第4章　意味のネットワークを考えた語彙学習

1　はじめに

　外国語の語彙学習においては、単語をばらばらに記憶するのではなく、語と語の様々な関係を考え、ネットワークを作ることが効果的であると言われる。本章では、まず、生徒の語彙学習に対する実態、語彙学習をどう考え、どう取り組んでいるかを眺めてみる。その上で、意味のネットワークに関する考え方を検証し、授業や家庭学習で活用できるその具体的な方法をまとめておきたい。

2　生徒の語彙学習についての実態

　読む活動であろうと、書く活動であろうと、また、オーラル・コミュニケーションであろうと、英語の学習において語彙は重要な役割を果たしている。特に、大学受験生は読解問題において膨大な語彙を要求される。そのような高校生の語彙学習についての考えを、筆者が担当していた3年生262名を対象に調査した。

　◇英語学習において単語を覚えることは大切だと思いますか。

　　　a　非常に大切である　　　42.2%
　　　b　大切である　　　　　　51.3
　　　c　あまり大切でない　　　4.6
　　　d　大切でない　　　　　　1.9

　◇英単語を覚えるのは好きですか。

　　　a　非常に好きである　　　1.5%
　　　b　好きである　　　　　　8.8

77

c　あまり好きでない　　　　46.4
　　d　嫌い　　　　　　　　　　43.3
　単語を覚えることが非常に大切、または、大切であると考えている者
は、実に、93.5％もいるが、一方、覚えることが非常に好き、または、
好きであると答えた者はわずか10.3％にすぎない。英語学習の様々な活
動を通じ語彙の重要性は十分に理解しているようであるが、単調で根気
のいる語彙学習に興味を示す者は非常に少ないようである。
　◇単語を覚えるために何か工夫をしていますか。
　（主な答え）
　　・発音しながら覚えるまで書く。
　　・単語の意味を言いながら、ひたすら書く。
　　・長文や会話文の中で覚える。
　　・英語の歌の中で覚える。
　　・辞書で調べるときに例文も写す。
　　・単語だけでなく、文全体を覚える。
　　・何かその単語に関連した物事を思いうかべて覚える。
　　・名詞、形容詞などと関連づけて覚える。
　　・似た単語と関連させて覚える。
　　・単語帳を作る。
　　・単語カードを作る。
　　・辞書に、一度調べた語はマークしていく。
　　・友達と単語の問題を出し合って、遊びながら覚える。
　　・しゃれや語呂合わせで覚える。
　◇単語を覚えるために、こうすればいいのではないかというアイディ
　　アがあれば書いて下さい。
　　（大部分の回答が上記の「工夫」の場合と重複するので、異なるも
　　ののみ）
　　・日常生活で使ってみる。
　　・身近な出来事や物を英単語に置き換えて覚える。

第4章　意味のネットワークを考えた語彙学習

・英語＝日本語としないで、日本人が日本語を覚えるときのように、物や動作を英語で直接覚える。例：りんご＝appleでなく、🍎＝apple
・電車や風呂の中で覚える。
・トイレ、洗面所、階段など、家中に単語を貼って覚える。
・友だちと競争して覚える。
・教室の黒板の空いているスペースに単語を書いておく。
・量は少なくてもこつこつ毎日覚える。
・単語を日めくりにして毎日一つずつ覚える。
・自分の好きな英語の歌を日本語に訳してみる。
・単語とお友達になる。
・授業では、クイズ形式など、楽しい雰囲気で単語が覚えられるようにして欲しい。
・英語の授業で毎時間前回やった所の単語テストをする。
・単語の学習だけの授業をする。

　これらの多くは、中学、高校での学習によるものであるかもしれないが、このように、多くの生徒の工夫やアイディアを集めてみると興味深く、我々の指導の反省になるものもあるように思われる。本章では、上記の生徒の「工夫」の例にも挙がっているが、意味の上で関連させて覚える方法について考えてみたい。

3　意味のネットワーク

　生徒の英語学習の問題点の一つに、単語がなかなか覚えられない、覚えてもすぐ忘れるというのがあるように思われる。理由はいろいろあろうが、その単語に接する機会が少ないこと、そして、単語を単独で覚えようとすることにある場合が多いのではなかろうか。単語は文の中で使われ、文脈の中で意味を持ってくるわけであるから、語と語の意味上の関係を考慮した学習法、指導法を取り入れると効果的である。

語彙学習が単に母語と1対1に対応する、ばらばらの語をたくさん記憶していく過程ではないということは、外国語の学習において以前から認められている。White（1988：9）によれば、語は特定の連想のネットワークの中で体系化され、使用されるのであり、そのようなネットワークがある言語に対して意味の全体的な型を形成する。語と語の関係を知ることは、語の意味を学習するためだけではなく、適切に語に反応し、語を使用する能力を育てるために、言い換えると、母語話者のような言語能力を育てるためにも大切である。母語話者は語と語の間の意味的な関係、そしてある語が特定のネットワークの一部として現れる傾向があることを知っているので、読んだり、聞いたりする際に、次に何が来るか予測することができる。ところが、外国語学習者にとって、ある単語はまだ十分体系化されておらず、使いこなせるものにはなっていないので、読んだり、聞いたりした場合にうまく適切な意味を引き出すことができないのである。

　Abdullah（1993：10-13）は読解のための語彙学習について、次のような考えと具体的な指導法を示している。

　読解力と語彙力の間には強い相関関係があると考えられている。しかしながら、読解力は単に語彙が多いだけでなく、記憶して知っている語のいくつもの意味の中から適切な意味をすぐに見つけ出せるかどうかによって決まるのである。したがって、読解力のある人というのは、ある語についてどういう意味になるか意識的な努力をしなくても、無意識のうちに適切な意味が理解できる人である。したがって、読解力を高めるためには、単に単語のリストを学習者に覚えさせることで満足するのではなく、無意識の語彙理解を容易にするために語彙の活性化に役立つ活動を取り入れるべきである。そのための最も効果的な方法は、テーマを定め、それに関して読み、書き、聞き、話す技能の練習ができる全体的な言語経験であろう。

　この意味理解の無意識性とともに考えておかねばならないのは、意味のネットワークということである。我々の経験知識は記憶の中に関連事

項のスキーマとして貯えられていると考えられている。このようなスキーマを構成するさまざまな要素は、相互に関連を持つ概念のネットワークを成しており、語というものはこの概念に対するラベルのようなものであるから、語もまた、意味的に関連を持つネットワークとして貯えられていると考えられる。このように考えると、語彙の構築は概念の構築と関連を持つことになるので、教師は生徒に、概念や話題にしたがって情報や単語を体系化するよう指導すべきであるということになる。教室での活動は、生徒が新しいネットワークを作ったり、既に存在しているネットワークを維持したり、改良したり、拡大したりするのを手助けするものになるとよい。

4　ネットワーク化を促進する活動

　次に、語彙のネットワーク化に役立つ練習活動を考えてみたい。

⑴　語彙及び話題の予測
a　話題から語彙を予測
　教師が黒板にある話題、例えば、pollution を書き、生徒はその話題から連想される語を予測する。この活動は pre-reading として、あるいはゲームとして活用できる。pre-reading として使う場合には、教師は生徒にある文章、例えば、pollution についてのものを読む旨を告げ、生徒はそこに表れるであろう語を予測することになる。教師は黒板に environment, air, water, chemicals, acid rain, garbage などのような語を書き、時折生徒にその語を選んだ理由や意味を聞く。その後で、生徒に文章を与え、予測があたっていたかどうかを調べさせる。

　ゲームとして行う場合は、生徒に 30 秒から 1 分の時間を与え、話題に関係した語をできるだけ多く考えさせる。その後で生徒たちはペアかクラス全体で各自の語を比較し、自分がその語を選んだ理由を説明する。

　どちらの活動においても大切なのは、生徒になぜその語を予測したの

81

かを説明するように勧めることである。自分が選んだ語を説明することによって、生徒たちはその語の理解を深めるだけでなく、話題になっている語と関連したスキーマの中の他の語を活性化し、その関連語の知識を無意識化することになるからである。

b　語彙から話題を予測

　これは上記の活動と逆で、教師はある話題に関係した主要単語をいくつか書き、生徒にその語から話題を予測するよう求める。生徒が話題を予測し終えた後で、さらにその話題に関連した他の語を予測するよう求めることもできる。この活動は pre-reading の活動としてもゲームとしても用いることができる。生徒たちは知らない語の意味を知るために、辞書を調べたり、仲間と相談することになり、前述の活動と同じ効果が期待できる。さらに、この活動を少し変えたものとして、OHP、あるいは黒板で語を1語ずつ示し、話題を尋ね、さらに語を示して、彼らの推測を改めさせていくこともできる。

(2)　類似関係

　語彙力を増強する方法として、Stockdale（1994:44-45）は A:B ＝ C:D の形の類似関係を完成する活動を提案している。例えば、

　　A ruler[A] is to length[B] as a thermometer[C] is to ＿＿＿＿＿＿[D].

（解答例：temperature）

　生徒は空所を満たし、自分の答を説明する。この例では、生徒の答は temperature のようなものになるであろう。もちろん、ruler（定規）は length（長さ）を測り、thermometer（温度計）は temperature（温度）を測る（measure）ものであるからである。このようにして、ruler, length, thermometer, temperature 同様、measure もともに学習者の頭脳においてネットワーク化して貯えられることになる。指導者が予期した答を生徒が出すとは限らない。様々な類似関係が可能であり、正当化できる限り、どんな答でも認めてやりたい。以下に、いくつかの例を挙げてみる。

第4章　意味のネットワークを考えた語彙学習

① 体の部分とそれに関連した衣類など

A hat is to the head as gloves are to the _____.

（解答例：hands）

② 道具類

A screwdriver is to a screw as a hammer is to a _____.

（解答例：nail）

③ 感覚

The nose is to smell as the mouth is to _____.

（解答例：taste）

④ 輸送機関

An airport is to planes as a port is to _____.

（解答例：ships/boats）

⑤ 派生語

Succeed（動）is to a success（名）as fail（動）is to a _____（名）.

（解答例：failure）

⑥ 英語と米語

A flat（BE）is to an apartment（AE）as petrol（BE）is to _____（AE）.

（解答例：gasoline/gas）

⑦ 主語となる名詞＋動詞

Shout（動）is to a man as _____（動）is to a lion.

（解答例：roar）

⑧ 動詞＋目的語となる名詞

Give（動）is to advice as _____（動）is to a suggestion.

（解答例：make）

　このように、教師は自分が重要だと感じる、言語のほとんどの要素で
も強化するために類似関係を作ることができる。

⑶　意味による語のグループ化

a　Vocabulary Map

　ある課が終わって、あるテーマあるいは話題について学習し終えた段階で、思いつくもの、覚えているものを生徒に言わせ、教師が黒板に書く。十分な数の語、特に話題に関係した主要語が出てきたら、適当な見出し、あるいは範ちゅうを定め、その下に出てきた単語をグループ別にし、表または図（Vocabulary Map）を作らせる。さらに、まだ黒板に書かれていない語を加えてもよい。この活動においてもグループでの作業や話し合いを勧めるとよい。どの範ちゅうにも属さない語を Miscellaneous としてまとめるのも、その項目が一番多いというのでなければ、有用であるように思われる。この活動も意味的に相互に関連した語をまとめて覚えるものとなる。

b　The Odd One Out

　この活動は、生徒が語群の中で他と意味の異なる語を選び出し、その理由を述べるものである。

　　（例）　１．stream, lake, sea, river, mountain

　　　　　　２．uncle, grandfather, niece, nephew, brother

　　　　　　３．sun, rain, snow, ice, hail

　大切なことは、正しい答よりもむしろその答をなぜ選んだかについての話し合いである。話し合いは語の意味のみならず、語と語の関係に生徒の注意を向けさせることになる。それによって、連語や意味領域についての彼らの知識を増すことになる。したがって、答に柔軟性を持たせたり、ペアやグループにして話し合いをしやすくすることも、この活動で大切な点である。ペアで練習している生徒が違った答を出すと、さらに興味がわいてくる。例えば、例２で grandfather（より年上の世代）か niece（語群で唯一の女性）かというように。

⑷　関連語

　同意語、反意語、下位語、部分語などの関連語を示して、できるだけ

第4章　意味のネットワークを考えた語彙学習

多くの連想関係を作ることも記憶の助けとなる。

a　同意語

　関連語の中で、まず、同意語の学習について考えてみよう。同義語という言い方もあるが、両者は厳密には同じではない。同意語は、あらゆる文脈、場面で完全に書き換えが可能な語であり、厳密にはそのような語は存在しない。普通はもっとゆるく解釈し、denotation を同じくするものを指している。同義語の場合は条件がさらにゆるく、denotation も完全には同じではないが、何らかの意味で同じ語彙の場に属するいくつかの語のことを言う。したがって、同意語や同義語を探させる学習は、語彙の拡大に確かに役立つが、ある英単語に対応する日本語があるという誤解と同様に、「同意語」という用語から、全く同じ意味を持つ語だと思ってしまう恐れがある。したがって、同意語（同義語）間の意味の違いを探る学習のほうが好ましいかもしれない。

《練習問題例》

①　次の各語をそれらが最も普通に使われる関連領域とを結び付けなさい。

	語		関連領域
1	partner	A	war
2	colleague	B	friendship
3	ally	C	business firm
4	accomplice	D	profession
5	comrade	E	crime

②　次の各語について、プラス・イメージを持つ語と思うならば（＋）、マイナス・イメージの語なら（－）、どちらでもなければ（＝）を（　）内に記入しなさい。

例：frugal（＋）, miserly（－）, careful（＝）

famous（　）, notorious（　）; strict（　）, severe（　）;

inactive（　）, lazy（　）, tired（　）, sleepy（　）

(Wallace, 1982：73-76)

85

b　反意語

　反意語、反対語、対義語とも言い、正反対の意味を持つ語ということである。反義関係は、次の三つに下位区分される。

　(a)　二項反義関係

　反意語の関係にある2語だけである領域をすべてカバーし、一方が適用されれば、他方は適用できない、という関係にあるものである。例えば、male − female, alive − dead, same − differentなどに見られる関係である。これらの語には段階的な意味はありえないので、aliveやdeadなどの比較級は存在しない。この場合ははっきりしているので、What is the opposite of ...?という質問を発しても生徒を戸惑わせることはない。

　(b)　段階的反義関係

　これはAでなければB、BでなければAという関係が必ずしも成り立たず、その中間的段階がある場合である。 hot − cold, good − bad, love − hateなどがその例であり、形容詞や副詞については比較級が当然起こりうる。反意語の大部分はこれに属する。

　(c)　反対関係

　　1　a）Julia is Martin's wife.

　　　　b）Martin is Julia's husband.

　　2　a）The picture is above the fireplace.

　　　　b）The fireplace is below the picture.

　これらの例において、a）とb）はそれぞれの文を言い換えたものであり、同一のことを対照的な観点から見て表現する語の関係である。

　このような性質から分かるように、(a)の場合は別として、コンテクストがないと反意語を考えることは困難になる。例えば、marriedの反意語はふつうはsingleであろうが、状況によってはdivorcedになる。また、oldの反意語は対象が人ならyoungであるが、物ならnewになるからである。したがって、生徒には、ある単語にはふつう反意語が一つあるというように考えさせるのではなく、語と語の間に存在するネットワーク

の関係というものを意識させたほうがよい。

《練習問題例》

① 例にならって、次の文を書き換えなさい。

例：Tom is Mary's brother.

Mary is <u>Tom's sister</u>.

1　John is taller than Nigel.

Nigel is ＿＿＿＿＿＿＿.

2　Bill sold Tom a tractor.

Tom ＿＿＿＿＿＿＿.

3　The geography lesson came after the film.

The film ＿＿＿＿＿＿＿＿＿＿＿＿＿.

(Gairns and Redman, 1986：26)

② 次の文中の空所に下線の語の反意語を補いなさい。

1　I have <u>lent</u> John another £10：that is the third time he has ( ) money from me this month.

2　I get on well with my <u>uncle</u> Jim, and I think I am his favorite ( ).

(Wallace, 1982：77)

c　下位語および部分語

　ある上位語に対して下位に位置する語を下位語という。例えば、fruit という語と orange という語の意味が等しいとは言えないが、fruit の意味は、apple や pear や plum の場合と同様に、orange の意味に含まれていると言える。このような場合に、fruit は上位語であり、orange, apple, pear, plum はすべて fruit の下位語であるという。同様に、red, pink, yellow, orange, blue, violet, purple, green, brown などは color の下位語である。red, pink などの語は color に対する共下位語と呼ばれる。この共下位語が作る集団には、上記の果物や色彩語の場合のように開いた集合を成すものと、season － spring, summer, autumn,winter や week － Sunday ...... Saturday などのような閉じた集合を成すものとがある。

87

bodyに対する head, neck, leg, armのように、部分－全体の関係を持つ語を部分語と言う。cowは動物の一つの種類であるが、eyebrowはfaceの一つの種類ではなくて、その一部であるという点で、部分語は下位語とは異なる。

　上位－下位、全体－部分それぞれの関係にある語をいくつか学んだ時点で、これを整理し、さらに、下位語や部分語となるものを調べさせてみるのも、ネットワークを充実させ、語彙の拡大に役立つであろう。

《練習問題例》

① 例にならって、次の語と一つの集合体を成す残りの語を書きなさい。

例：breakfast（3つの集合体） – <u>lunch, supper （or dinner）</u>

1　liquid（3つの集合体） – _____

2　Earth（9つの集合体） – _____

3　indigo（7つの集合体） – _____

(Gairns and Redman, 1986：28)

② 次の枠内の語をそれぞれ下の表の該当する欄に入れなさい。

| shark | crocodile | parrot | owl | wasp | mouse |
| goat | seagull | fly | lizard | beetle | tiger |

insects	birds	fish and reptiles	mammals

(McCarthy, 1990：98)

第 4 章　意味のネットワークを考えた語彙学習

5　おわりに

　たいていの学習者は語彙学習の重要性を認識しており、工夫して覚え
ようと努力している者もいるが、単調で根気がいるため、興味を示す生
徒は非常に少ない。そのような人たちのための語彙学習の一つの方法と
して、語彙のネットワーク化を促進する活動を試みてみた。母語話者は、
互いに関係を持つ意味のネットワークとして語を記憶していると考えら
れるので、英語を外国語として学習する場合にもこのようなネットワー
クを形成することを考える必要がある。その具体的な方法として、語彙
及び話題の予測、類似関係、関連語などを取り上げてみた。

第5章 意味のネットワークによる
語彙の整理と拡大

1 はじめに

　外国語としての英語の学習法は、時代により振り子のように揺れ動くと言われる。これは語彙の学習についても言えることであり、語彙学習が重視された時もあれば、軽視された時もある。近年はかなり関心が高まってきているものの、コミュニケーション重視の風潮の中で、文法とともに、語彙学習への配慮がなおざりにされる懸念がないわけではない。本章では、高校において生徒に興味を持たせる語彙学習の一つの方法として、意味のつながりを考えて既習語を整理し、さらに新しい語を見つけて語彙を拡大する方法の学習実践例を示してみたい。

2 語彙学習の重要性

　現在我が国においても外国語学習の目指すものは、コミュニケーション能力の育成であり、そのために様々な方法が工夫され、実践されている。このコミュニケーション能力を構成する要素として、語彙力は非常に重要な役割を果たしていることは明らかである。Allen（1983: 5）は、近年の語彙学習重視の理由に触れ次のように述べている。

　　　研究者たちは語の意味に関する研究に新しい関心を示し、最近は語に関する様々な問題を扱ういろいろな調査研究がなされている。この研究を通じて、語に関する問題がしばしばコミュニケーションを阻害していること、人々が適切な語を使わない時にコミュニケーションが損なわれることが分かってきたのである。

文字を媒介する読むことや、書くことによるコミュニケーションにおいてはもちろん、音声による聞くことや、話すことによるコミュニケーションにおいても語彙の果たす役割は実に大きい。語彙力が不足すると、スムーズなコミュニケーションが阻害され、誤解を生じさせる可能性が大きいからである。より正確な意志の疎通を図るためには、それだけ広く、深い語彙力を育成する必要がある。

3　大学入試と語彙学習

　大学進学を目指す高校生の多くの者にとって、英語は合否を分ける重要科目である。最近の入試問題では語彙力を直接問うものは少なくなっているが、総合問題や真偽形式の読解問題が増加している。これに対応するために、文型・文法事項を一通りマスターすれば、あとは語彙力をつけることが大切と考えられ、語彙力を高める様々な指導がなされている。

　第1章で触れているが、学習指導要領が改訂されるごとに、中学・高校で学習される語彙数は減少してきており、21世紀の高校生は中学・高校併せて、2700語しか学ばないことになっている。この程度の語彙でいいのだろうか。国際化時代の我が国の状況を考慮し、先行研究を検討して、西澤（2003：8-10）は高校卒業までに目標とすべき語彙のサイズを見出し語方式で次のように示している。

　　受容語彙　5,000 〜 6,000 語　　発表語彙　2,000 〜 2,500 語

　また、センター試験は別として、大学入試に必要な語数は6000 〜 8000語と言われる。小林（2003：8）は1982年度の入試問題1000題と2002年度の入試問題1000題を無作為に選び、分析・集計を行った。その結果、長文で用いられている頻出単語の間の有為な差は全く見られなかったという。入試に出題される頻出単語はこの20年間ほとんど変わっていないということである。したがって、中学・高校で学習する単語数が少なければ少ないほど、入試の語彙レベルとの差が大きくなり、それだけ受験対策のための負担が大きくなるわけである。教科書で

第5章　意味のネットワークによる語彙の整理と拡大

学ぶ語と入試や社会で必要とされる語のこの大きなギャップを埋めるために、大学等への進学指導を進める高校では、語彙力をつける学習を心がけることになる。語彙指導を行う場合として、新里（1992：200-201）は次の五つを挙げている。

① 授業の中で派生語、類語、反対語などの解説を行う。
② 学習終了後レッスンに出てきた単語のテストをして定着を図る。
③ 学期や学年終了時にまとめて既習の単語テストを課す。
④ 副読本を読ませる。
⑤ 語彙整理用の参考書や問題集をやらせる。その成果をテストで確認する。

　さらに、語源や文化的背景などと関連させて指導したり、英英辞典の活用を勧めたりする教師もいると思うが、概ね上記のようなものであろう。

4　語彙の整理と拡大

　中学3年間と高校の教科書に出てくる語は3000足らずだとしても、高校生になると、単語集や様々な副教材などでも学習し、かなりの英単語に出会っているはずである。しかし、それをすべて覚えている生徒は希であり、大部分の者にとっては、忘れてしまったり、意味のあいまいになっている語もかなりあるように思われる。そのような語について記憶を新たにし、定着させるために既習語を整理する機会を持たせることが大切である。さらに、既習語と関連のある語を見つけさせて、語彙の拡大を図ることもできる。その一つの方法として、語と語の様々な意味関係を活用させることができる。語と語の関係には、同意語、反意語、同音異綴語や派生語関係などいろいろなものがあるが、ここでは主として上位語と下位語、全体語と部分語、そして意味の連想による語のチェーンやネットワークについて考えてみたい。

93

(1)　上位語と下位語、全体語と部分語

　前章でも触れたが、包括的は意味を持つ上位語に対して、下位に位置し、より限定的な意味を表す語を下位語と言う。例えば、mammalは dog, horse, bat, whale, man に対して上位語であり、dog 以下の語はmammal に対して下位語である。

　全体語・部分語とは、car に対する headlight, bumper, windshield, wheel, hood のように、全体・部分の関係を持つ語を言う。部分語は上記の下位語と似ているように思われるかもしれないが、例えば、cow は動物の一つの種類であるが、eyebrow は face の一つの種類ではなくて、その一部であるという点で部分語は下位語とは違っている。

　上位語と下位語の関係であれ、全体語と部分語の関係であれ、2段階、3段階と枝を伸ばしていけば、図1のように枝分かれ図ができる。

(2)　語のネットワークと連想のチェーン

　我々の持つ様々な知識は、相互に関連を持つ概念のネットワークとして脳に蓄えられていると考えられる。例えば、政治に関するイギリス人の知識は図2のように、相互に関連を持つ事項の意味のネットワークとして人間の脳に蓄えられる。教室での語彙学習は、生徒が新しいネットワークを作ったり、既に存在しているネットワークを維持したり、改良したり、拡大したりするのを手助けするものになるよう工夫したいものである。学習の場面においては、連想の糸を一方向へ伸ばしていけば連想のチェーンとなり、四方八方へ広げていけば語のネットワークができる。

5　学習の実際

　実際に生徒に語彙の整理・拡大の活動をさせる際には、下位語、部分語とかネットワークについて細々説明するよりも、図を活用した練習問題をやらせてみるのがよい。例としていくつかの図を示し、図の一部を完成させる（図3）など、問題をやらせてみる。次に最初の語だけを与

第5章　意味のネットワークによる語彙の整理と拡大

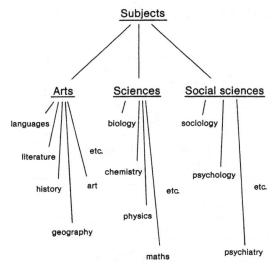

（Gairns and Redman, 1986：97）
図1　枝分かれ図

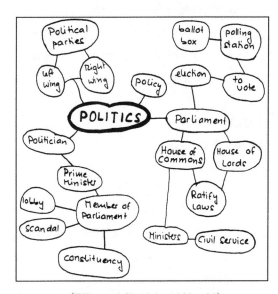

（Ellis and Sinclair, 1989：36）
図2　意味のネットワーク

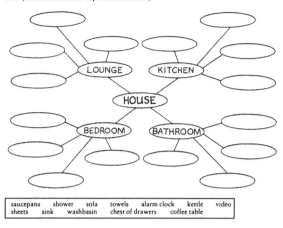

(McCarthy, 1990：96)
図3　語のネットワーク完成問題

えて自分で図を完成する段階に進み、最終的にはすべて自分で考えて、図を作成することになる。各自に工夫させると、それぞれの生徒の興味・関心によっていろいろな図が作成され、たいへん興味深い。以下に生徒の作成したものを分類して示してみよう。

(1) 上位語と下位語
a　開いた集合をなすもの
　(a)　名詞

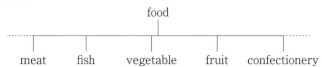

(b) 動詞

b 閉じた集合をなすもの

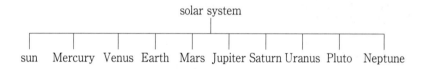

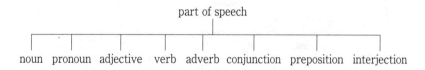

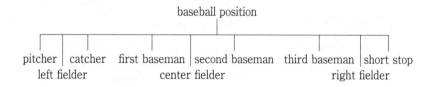

(2) 全体語と部分語

(3) 枝分かれ図

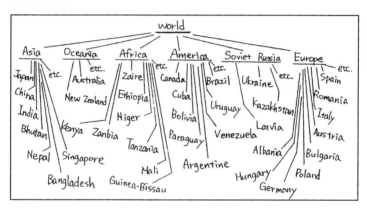

(4) 連想のチェーン

　　dot － line － letter － picture － hue － scribble － art － work － exhibit － exhibition － valuation － award － joy － sorrow － tear － salt － seasoning － cookery － restaurant － chef － counter －

第5章　意味のネットワークによる語彙の整理と拡大

apprenticeship − cook − master − president − chairman − principal − teacher − subject − remedial class − exam − day off − national holiday − late rising − fatigue − giddiness − illness − fever − medicine − ambulance − hospital − operation − disinfection − anesthesia − scalpel − heartbeat − incision − blood − artery − vein − inhalation − oxygen − carbon − hydrogen − balloon − gondola − Venice − Rome − Vatican − pope − faith − Buddhism − shrine − temple − worship − offering − bell − buzzer − loudspeaker − athletic meet − competition − Olympics − gold − silver − bronze − honor platform − national flag − rising sun flag − pickled plum − pickled radish − salted vegetables − cask − weight − stone − ore − mine − coal miner − laborer − strike − demonstration − placard − signboard − advertisement − newspaper − news − scoop − journalist − camera − film − darkroom − developing − tweezers − insect − harmful insect − hairy caterpillar − green caterpillar − moth − electric lamp − street light − telegraph pole − trash − cur − bone − suck − bite − snarl − bark − threat − fight − lose − escape − end

99

(5) 語のネットワーク

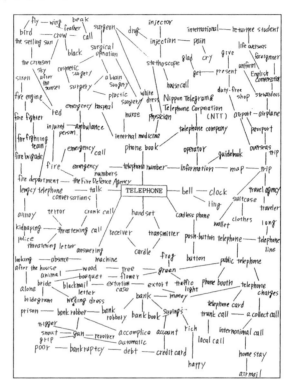

6 生徒の反応

　夏休みの課題として WORD NETWORK を作成したクラスの生徒（39名）に語彙学習についてアンケートを行った。語彙学習に興味が大いにある、かなりあると答えた者が併せて 35.9% と、予想以上に高い率を示している。WORD NETWORK についての結果は次のとおりである。
　◇ WORD NETWORK を作ることを面白いと思いますか。

　　　大いに思う　　　　　　　　　12.8%
　　　かなり思う　　　　　　　　　43.6

第5章　意味のネットワークによる語彙の整理と拡大

どちらとも言えない	23.1
あまり思わない	15.4
全く思わない	5.1

◇ WORD NETWORK を作ることは語彙力を高めるために役立つと
思いますか。

大いに役立つ	23.1%
かなり役立つ	41.0
どちらとも言えない	33.3
あまり役立たない	2.6
全く役立たない	0

◇ NETWORK を作ってみて、いいと思ったのはどのような点ですか。
（主な意見）

・辞書を調べて、いろいろ考えたりすることで、楽しく英語を勉
強できる。

・自分の語彙力の限界が分かる。

・自分が興味を持っている語句を調べることができる。

・自分で考えてユニークなアイディアで書くことができる。

・一つの言葉からいくつもの言葉を連想できるのが面白い。

・分かっていると思っていた単語でも書けないことが分かったり
する。

・辞書を引く回数が増えてよいと思う。

・辞書を引く習慣が身につく。

・和英辞典を久しぶりに使った。

・日本語ではよく使うが、英語では分からない単語があったが、
NETWORK作成でいろいろなことが分かった。

・単語帳などで覚えるより、自分で連想して知らない単語を辞書
で引いたりして覚えるほうが楽しくていい。

・知らない単語が分かるし、それを自然に覚えられる。

・英単語のでき方の法則のようなものが分かる。

101

・知らない単語でも、ある物に関連しているので覚えやすい。
・英語のスペリングを覚えることができる。
・連想ゲームのようで、遊び感覚で楽しみながらできる。

　半数強の者がNETWORK作成に興味を持っており、興味のない者は２割程度にすぎない。また、これが語彙力増強に役立つと考えている者が３分の２近くおり、役立たないとするものはたった１名だけであった。指定された単語をむりやり覚えさせられるのと違って、自分の興味のある語を自分で調べて作っていくので、ゲーム感覚でできた生徒もおり、結構楽しみながら作成したようである。また、他のいろいろなテーマでNETWORKを作ってみたいという意見も見受けられた。

7　おわりに

　語彙学習の一つの方法として、意味のつながりを求めて既習語を整理し、さらに新しい語を探って語彙の拡大を図る方法の実践を紹介してみた。生徒たちは、予想以上に様々な語を集めている。大部分はよく使われる語であるが、魚の種類のように使用頻度の低いものも含まれている。また、まとめられた語は相互に意味上のつながりはあるものの、文脈が欠如しているので理解が十分とは言えない。このような問題点は今後の課題である。

　語彙学習の方法であれ何であれ、現在の多様化した高校生全てに興味を持たせる、ある特定の方法というものはないように思われる。生徒の興味・関心、学力、進路や使用する教材などに応じて、指導方法をいろいろ工夫する必要がある。その際にこの方法もその一つの選択肢として利用できるのではなかろうか。

第6章　パズル・ゲームを用いた語彙学習

1　はじめに

　英語でコミュニケーションを図ろうとするとき、語彙が多ければ基礎的な文法力だけで相当レベルのコミュニケーションが可能であるが、語彙力の不足は誤解を招き、致命的なものになりかねない。しかしながら、中学校では 2002 年度、高校では 2003 年度に実施された新指導要領における語彙制度により指導できる語数が減少した。一方、多くの生徒が英語の学習に興味を示さず、特に語彙学習には関心を示していない。したがって、様々な工夫により、従来以上に語彙学習に時間をかける必要があると思うが、本章ではパズルやゲームを利用した語彙学習についてまとめてみたい。これは英語の嫌いな生徒に学習への動機付けを与えるためと、既習の語にできるだけ多く接することで記憶を強化できると考えるからである。

2　パズルやゲームの効用

　第1章で述べたように中学・高校の教科書で学習する語彙数がしだいに減少してきていることや、生徒が語彙学習にあまり興味を持っていないことを考えると、従来にもまして語彙学習に時間をかけ、様々な工夫をする必要があると思う。絵や動作による語義の導入、用例、派生語、反意語などの提示、文脈からの類推、辞書学習、語彙の予習のためのプリントの準備、発音練習など。1語作文などで実際にその語を使ってみる練習や学習した語についてこまめにテストを行うことも必要であろう。また、電子辞書の利用やパソコンによる語彙学習も考えねばならない。

103

しかし、いずれにしても、語彙学習は単調で根気のいる活動である。語彙学習の主要な部分は上記のような活動に頼るとして、授業のウォーミングアップや息抜きの活動にはゲーム、クイズ、パズルなどによる楽しい語彙学習を取り入れてみてはどうだろう。学習意欲の乏しい生徒への動機付けとして、また、時間割の関係で２時間連続の英語の授業や１日に３時間以上の英語の授業があるような場合など、このような楽しい活動が有効であると思われる。

　最近、パズルやゲームが英語の授業の中に積極的に取り入れられようとしているが、これはそのような活動を通して生徒の興味・関心を高めたり、知識理解を深めたりするその効用が見直されてきたためであろう。長瀬（1997：6-7）はパズル・クイズについて、次のような三つの効用を挙げている。

　① 「遊び」のオアシス（やすらぎ）機能

　　遊びには、何よりも人間の精神を解放する働きがある。精神が解放されると、他人や情報を受け入れる柔軟な心の状態が生まれる。これが次の学習へ取り組む土壌となる。クイズ・パズルの利用の仕方、遊び方の工夫によって、このことが可能になる。

　② 「遊び」の動機付け機能

　　何かを始めようとするきっかけづくりである動機付けには、他人から与えられる外的動機付けと、自分の内面から湧き起こる内的動機付けとがある。パズル・クイズに期待されるのは、永続性があり強い動機となる内的動機付けのほうである。これは、パズル・クイズの問題づくり、出題の工夫によって可能になる。

　③ 「遊び」の知識獲得機能

　　生徒が興味を持って聞かない教師の説明も、一工夫してパズル・クイズ形式で問いかけると、生徒が耳をそばだてて聞くことがある。このことによって、直接的に知識や情報を得ることができる。パズル・クイズで与えられる知識や情報は、題材と内容の工夫によって可能になる。

また、Wallace（1982：105）によれば、言語ゲームがより広く用いられるようになった理由は次の二つである。

① 動機付けが大切であること、そして、教室の雰囲気を前向きでやる気のあるものにすることが大切であり、それにゲームが役立つため。

② 「本当の」コミュニケーションの重要性がしだいに認識されるようになり、ゲームが適切に行われると、それが教室という人工的な場面であっても、目標言語でコミュニケーションを図りたいという願望が生まれてくるため。

Allen（1983：52-54）も、うまく選択されたゲームは生徒が英単語を習得するのに役立つと述べている。それは、その語がなくてはそのゲームの目的が達成されないので、その語が重要で、どうしても必要なものだと生徒に感じさせることができるからだと言う。例えば、guessing gameでは、目標言語を使うことが、ゲームに参加している生徒を推測の活動へと導くのに必要な状況を生み出すのである。

3 教科書における語彙パズル

検定教科書にも語彙に関するパズルやゲームを取り上げたものがある。手元にある新課程の高校の英語教科書オーラル・コミュニケーション18冊と英語Ⅰ21冊を調べてみた（括弧内は教科書名）。

(1) オーラル・コミュニケーションⅠ

18冊の教科書のうち5冊で6種類のパズルが掲載されている。その多くがクロスワード関連のものである。

① その教科書に出てきた単語を中心にしたもので、英語のヒントが横42、縦41という本格的なクロスワードパズルである。(True Colors)

② ヒントはその教科書に出てきた文が使われ、出たレッスンも示されている。ヒントの英文は横8、縦7という取り組みやすいク

105

ロスワード。(STEP)

③　アメリカ合衆国の10の州名を英語のヒントによって入れると、指定の縦の1列にある人名が現れる。それを答える1種のクロスワード。(Departure)

④　英文の空所の部分に聞き取って答を考え、クロスワードを完成する。リスニングと組み合わせたものであるが、答は7語だけの単純なものである。(DAILY)

⑤　与えられたアルファベットの文字を並べ替えて正しいつづりにして空所に入れ、ことわざを完成する。(MAINSTREAM)

⑥　6～8語から成る短い英文に隠された単語を探し出すもの。食べ物、飲み物の単語で、太字でその単語の最後の文字が示されている。(DAILY)

(2)　英語 I

21冊の教科書のうち6冊で9種類のパズルが見つかった。そのうちの三つはアルファベットの表から単語を探すものである。主なものを以下に示す。

①　縦横15ずつのアルファベットの表から、縦、横、斜めに隠されている、ヒント（日本語）に示された15の単語（動詞、名詞、形容詞）を探すもの。(Captain)

②　縦横14ずつのアルファベットの表から、その下のイラストが表す単語を、最初と最後のアルファベットを手がかりに探し出すもの。(Genius)

③　縦5横8のアルファベットの表から、縦と横に英語のつづりで隠されている動物名を探し出す。いずれも絶滅の危機に瀕している動物で、影絵がヒントとなっている。(WORLD TREK)

④　その教科書の8～12課で学んだ単語を使ったクロスワードパズルで、英文のヒントは縦7、横9。(Genius)

⑤　縦5、横7のマス目に九つの英文をヒントにして単語を書き入

れる。記入する語はしりとりになっており、中央の縦に出てくる
語を当てる。（MAINSTREAM）

⑥　英語のカルタ取り。トランプ大の紙50枚に英単語を一つずつ
書き、他の50枚にその単語に呼応した定義を英語で書く。読み
手が定義を読み、残りの人が単語のカードを取り、日本語で意味
を言う。（ENCOUNTER）

⑦　6～12語から成る英文の下線部の発音を順につなぎ合わせ
ると別の単語の発音になる。その単語の正しいつづりを書く。
（DAILY）

4　パズル・ゲーム活用の実際

上記のようなパズルやゲームは興味深く、生徒たちも楽しく取り組む
ものと思われるが、このようなパズルやゲームを含まない教科書の方が
多い。また、パズル等を含む教科書を選んだとしても年間に一度か二度
しか出てこない。動機付けや授業のウォーミングアップにこれを用いよ
うとするのであれば、指導者が自分で様々な工夫をする必要がある。以
下に平成14年度の1年間で1年生対象に行ったパズル・ゲームと生徒
の反応をまとめてみたい。

(1)　語彙の範囲を限定しやすいもの

既習の一つの課など範囲を限定して用いることのできるパズルを、吉
田（1997：32-81）を参考に作成し活用してみた。次の例ではそれぞれ
5問程度を示しているが、実際に授業で1回にやらせたパズルはそれぞ
れ10問程度であった。

①　前半・後半を結合し直そう！

下のそれぞれの語を前半部と後半部に分解し、正しいつづりの単語
になるように結合し直しましょう。（　　）には英単語、〔　　〕には
日本語を記入します。

107

(1)	violop	(*violent*)	〔 *乱暴な* 〕
(2)	perward	( )	〔 〕
(3)	for<u>lent</u>	( )	〔 〕
(4)	confect	( )	〔 〕
(5)	devenect	( )	〔 〕

② 文字を正しく並べ換えよう！

　下の語は文字がバラバラで意味をなしません。並べ替えて正しい英単語を作りましょう。（　　）内には出来上がった英単語を、〔　　〕にはその意味を書いてください。

(1)	oolw	(*wool*)	〔 *羊毛* 〕
(2)	gurd	( )	〔 〕
(3)	aogt	( )	〔 〕
(4)	meypt	( )	〔 〕
(5)	cechio	( )	〔 〕

③ うまく挟んで完成させよう！

　左側のアルファベットを選んで、右の枠の最初と最後の文字の間の空欄にうまく挟んで英単語を作ってください。（　　）には完成した単語の意味を書きましょう。

res	1	c	*r*	*o*	*w*	d	(*群衆*)
oun	2	t				e	( )
rad	3	l				l	( )
row	4	p				s	( )
oca	5	c				t	( )

108

第6章　パズル・ゲームを用いた語彙学習

④　一筆書きで英単語を探そう！

　枠の中のすべての文字を使い、一筆書きで英単語を作って（　　）
に書き、その意味を〔　　〕に書いてみましょう。

(1)

| r u a s |
| d i n o |

（ *dinosaur* ）
〔　恐竜　〕

(2)

| m t s q |
| o o i u |

（　　　　　）
〔　　　　　〕

(3)

| t i e d |
| y t n i |

（　　　　　）
〔　　　　　〕

(4)

| l y r e |
| t n e c |

（　　　　　）
〔　　　　　〕

⑤　英文の中に英単語を探そう！

　次の英文のどこかに 11 課で学習した英単語が隠れています。それ
を探し出して（　　）に書き、その意味を〔　　〕に書きましょう。

1　Let's go at eight in the morning.　　　（ *goat* ）〔　山羊　〕
　（朝 8 時に行きましょう。）

2　They played rugby in the rain yesterday.　（　　）〔　　　〕
　（彼らは昨日雨の中でラグビーをした。）

3　He was kind to all of us.　　　　　　　（　　）〔　　　〕
　（彼は僕たちみんなに親切だった。）

4　She handed in her itinerary before starting.　（　　）〔　　　〕
　（彼女は出発前に自分の旅程表を提出した。）

---

⑥　英単語の中に英単語を探そう！

　10 課で出てきた下の単語の中に別の英単語が入っています。その
単語を見つけ、そのスペリングと意味を書きましょう。

109

crowd	(*観衆*)	---------	(*row*)	〔 *列* 〕	
trade	( )	---------	( )	〔 〕	
score	( )	---------	( )	〔 〕	
voice	( )	---------	( )	〔 〕	

⑦　上下・左右・斜め、直線で英単語を探そう！

　直線であれば、上下・左右・斜めどちらでもかまいません。10課で出た野球関連の単語を少なくとも 18 探し出しましょう。その単語を（　　）に書き、意味を確認しましょう。

```
N U R G X A T G P F      ( baseball )
E P L A Y O F F I A      ( stadium )
S L U M P T E E J N      (         )
B A S E B A L L S M      (         )
K Y L M A D N E G U      (         )
O E E P T Q A N R I      (         )
S R R E T T I H U D      (         )
M R O F I N U T V A      (         )
W A C X N E D A R T      (         )
I Y S I G N Z B E S      (         )
```

　上記のような単語パズルに対して、生徒は「楽しみながら覚えられるからいいと思う」「おもしろく、覚えやすい」「頭を使うので良いと思う」「よく考えねばならないので覚えやすい」「何回もやっているうちにいつのまにか覚えていた単語もあった」など、肯定的な反応が多かった。また、「問題数が多くなく、ノートを見れば答があるからやってみようという意欲がわく気がする」「英語に興味がわく」と答えた生徒もいた。このようなパズルは当然教師自作のものであり、生徒の英語力にあったものとなる。それだけいっそう生徒は興味を持って取り組むことになる。⑦

110

のパズルについて、「先生が作ったものだと聞いてびっくりした」という反応もあった。

　この①〜⑤の５種類の中で最も興味深いと答えた生徒が多かったのは、「英文の中に英単語を探そう！」で、次が「うまく挟んで完成させよう！」であった。また、単語力をつけるのに役立つと思われるものとしては、「文字を正しく並べ換えよう！」が最も多く、「英文の中に英単語を探そう！」が次であった。

(2)　語彙の範囲を限定しにくいもの

　教科書の一つの課など使用する語彙の範囲を限定することの難しいパズルやゲームとしては、次のようなものを試みてみた。ALTとのティームティーチングで授業のウォーミングアップとして行ったのは主にこれらのものである。

　①　クロスワードパズル

> ヨコとタテのヒントを見て、クロスワードにチャレンジしてみましょう。

　クロスワードパズルにはいろいろな種類のものがある。縦横同じ数のマス目から成るものが普通だと思われるが、縦横でマス目の数の異なるものや、マス目になっていないものもある。ヒントも様々であり、英語だけのもの、日本語によるもの、絵を用いたもの、英語と絵両方を用いたもの、日本語と絵によるものなどがある。

　クロスワードは楽しみながら語彙力を養うことができる。問題のヒントからうまく単語を推測しなければならないし、正確なスペリングが要求されるので、生徒は慎重に空欄を埋めなければならない。したがって、完成したときの成就感は大きいが、難しすぎるとその喜びが得られないので、生徒のレベルを十分に考えて行わなければならない。

　②　しりとり

> ある英単語の最後の文字で始まる語を考えて英語のしりとりをしましょう。

111

英単語でしりとりをして、速さと語数を個人間またはチーム間で競うものである。ティームティーチングの場合には、ALTが要領を説明し、生徒たちに語をどんどん言わせ、同じ語を答えないようにJTEが生徒が答えた語を板書した。また、一人で行う授業では番号をつけた用紙を配布し、実施したのが5月だったのでMayという語から始めて3分間でできるだけ多くの語を書かせた。正しい語を最も多く書いたのが以下のものである。

May − yesterday − young − go − one − enter − road − draw − win − need − drink − kick − kit − train − neck − kitchen − number − roll − lend − deep − price − entrance − eat − take − either − run − now − winter − respect − team − month − healthy − yet − took − know − with − head − dream − moon − noise − examination − north − heat − teeth − hospital − look − keep − pet（47 words）

③　一つの英単語からできるだけ多くの英単語を作ろう！

示されたある一つの単語で使われている文字を使ってできるだけ多くの単語を書いてみましょう。

筆者が行ったときは、internationalという語を与えて5分間でできるだけ多くの単語を書かせた。最も多く書いた生徒は23語、次いで21語書いた者が二人いた。生徒たちが書いたものをまとめると次のようになるが、その多さに驚かされる。

national, nation, relate, alone, later, learn,title, train, nine, line, near, tear, earn, rain, nail, lean, late, into, lion, lent, none, rein, rent, tail, tent, ear, net, not, rat, tan, tin, lie, ant, ten, eat, tar, ate, are, one, lot, ion, our, art, in, at, on, it, no, or, to

第6章　パズル・ゲームを用いた語彙学習

④　あるテーマに関する単語をできるだけ多く書いてみよう！

> color, sport, fruit などのようなテーマに合う単語をできるだけ多く書いてみましょう。

　筆者の実践においては、各列を一つのチームとし、5分間で一人1語ずつ黒板に語を書かせた。そして、書かれた語がそのテーマに合っているか、スペリングは正しいかなどの判定は ALT にやってもらった。topic word と生徒が書いた単語は次のようであった。

color － red, green, yellow, blue, pink, white, black, orange, brown

country － Japan, America, Canada, China, Australia, England, Peru, France, Korea

sport － tennis, soccer, baseball, football, skiing, basketball, swimming, volleyball, running

fruit － banana, orange, apple, cherry, peach

job － nurse, teacher, cook, doctor, fireman, baseball player, soccer player, tennis player

food － bread, rice, egg, potato, beef, pizza, chocolate, cake, meat, tomato, vegetable, onion, soup, curry, fish

⑤　右からでも左からでも意味のある単語に挑戦しよう！

> 英単語の中には左右どちらから読んでも意味のある語があります。例にならって（　　）内に意味を書いてみましょう。

（例）（　　10　　）← net →（　　網　　）

（　　　　　）← dog →（　　　　　）

（　　　　　）← war →（　　　　　）

（　　　　　）← dial →（　　　　　）

（　　　　　）← flow →（　　　　　）

生徒の反応と実施上の留意点をまとめておきたい。クロスワードパ

113

ズルを 4 回行った後アンケートを実施した（回答者 39 名）。まず、このようなパズルが語彙力を高めるのに役立つと答えた者が 79.4％（27名）おり、多くの生徒が肯定的にとらえている。しかし、パズルを好まず、語彙力を高めるためには単語テスト等のほうがよいと言う者もいたので、そのような生徒にも配慮しなければならない。今回実施した 3 種類の中で興味深いと思うのは、ヒントが日本語 38.2％（13 名）、英語 20.6％（7 名）、英語と絵 11.8％（4 名）であった。また、語彙力を高めるために効果的だと思われるのは、ヒントが英語 61.8％（21 名）、日本語 8.8％（3 名）、英語と絵 5.9％（2 名）であった。生徒たちはヒントが英語のものが語彙力増強に役立つと考えているものの、今回実施したものは未習の語も含まれていて難しく、興味を持ちにくかったようである。ヒントが英語の場合は易しめのものにし、時間も多めに与える必要があるように思われる。

　しりとりについて興味深く思ったことは、「次々に単語がつながっていくと面白く、もっといろいろな単語を知りたいと思った」「忘れていた単語や普段思いつかない語を思い出すことができた」「久しぶりに書くような単語もあり、いい頭の運動になった」などの意見が聞かれた。次に、苦労した点や困難点としては、「e, n, r, y など最後が同じ文字で終わる単語が多く、別の語を考えるのが大変だった」「語を思いついても、つづりに自信がなかったりして苦労した」「自分の語彙力のなさがよく分かり、もっと勉強しなくてはならないと思った」と述べている。改善点として、名詞だけとか動詞だけとかいうように品詞を限定したり、テーマ別にしてはどうかという提案があった。また、個人で競わせたクラスでは、チーム戦にすればもっと面白いのではないかという意見もあった。

　ある単語に含まれる文字から別の単語を作る問題では、生徒たちは予想したよりも多くの単語を見つけ出していたように思う。しかし、つづりを間違えて、本人が意図したのとは全く違う使用頻度の低い語になっているものもある。inter, tern, nana, ail, nan, nit, ret などがそのような語であるが、書いた本人はその正しい意味を知らないのではなかろうか。

114

英語だけでなく日本語でその意味も書かせた方がいいかもしれない。

あるテーマに関連した語をできるだけたくさん書くゲームについては、「難しかったけれど、とても楽しかった。自分が書きたい単語のつづりなどが分からなかったりして大変なこともあったが、みんなと協力してやれたのでよかった」「自分のチームは国名がテーマだった。国名はいろいろ知っているが、スペリングが分からなくて難しかった」「英語で書かれた世界地図を見るのも勉強になると思うので、もっと英語に触れていきたいと思った」などの意見がみられた。留意すべき点としては、生徒からも指摘されたが、色などと違って食べ物というテーマは広すぎて多くの語が書けるので不公平になるということである。テーマはじゃんけんなどをして、チームに選ばせるのではあるが、やはり注意したい点である。

左右どちらから読んでも意味のある語については、初めてそのような語があることを知って驚いたり、不思議に思ったり、すごいなと感じるなど、英単語に対する興味を喚起させられたようであった。「こんな風に楽しく勉強したほうが速く覚えられると思った」「ただ暗記する以外にこんな方法でやれば覚えやすそうだと思った」などの感想がみられた。

様々なパズルやゲームをやってきて、年度末に実施したアンケートで、生徒たちは、「ゲーム的なものがあれば楽しいし、その方が単語を覚えやすいと思う。授業の初めに10分位で軽くやれるものがあるとその後の授業への意欲も向上すると思う」「ただ英単語だけを規則的に暗記していくより、ゲームやパズルをしながらのほうが自分には覚えやすい気がした。また、自分が今の段階でどれだけ単語を覚えているのかを知る目安にもなるのでいいと思った」など、こちらのねらい通りの反応を示している生徒も少なくなかった。

平成15年度は前年度の経験を生かし、英語Ⅰの教科書（Vivid）の各課が終わるごとに、その課の新出単語を楽しみながら復習し、定着できるように単語パズルを作成した。

　1課　前半・後半を結合し直そう！（上記(1)の①）

2課　うまく挟んで完成させよう！　((1)の③)

3課　一筆書きで英単語を探そう！　((1)の④)

4課　文字を正しく並べ換えよう！　((1)の②)

5課　上下・左右・斜め、直線で英単語を探そう！　((1)の⑦)

6課　英単語の中に英単語を探そう！　((1)の⑥)

7課　英単語のしりとりで、変形クロスワードを完成させよう！

8課　クロスワードを完成させよう！

9課　英文の中に英単語を探そう！　((1)の⑤)

この中で、生徒たちが最も面白いと答えたのは、クロスワード（8課）と単語サーチ（5課）であった。どちらもパズルらしいパズルである。また、単語力がつくと感じたのは、文字を並べ換えて正しい英単語を作るもの（4課）と英単語の中に英単語を探すもの（6課）であった。どちらも文字群から英単語を見つけ出すと言う点で共通点がある。生徒たちは、担当の教師が苦労して作成した手作りのパズルということで、楽しんで取り組んでくれた。

5　おわりに

英語学習におけるゲームやパズルは、食事におけるアペタイザーやデザートのようなものであって、普通はメインディッシュにはならない。しかし、中学や高校で学習する語彙数がしだいに減少し、また、語彙学習や英語の学習そのものに興味を示さない生徒が多くなっている現状を考えると、このような活動も意味のあるものと言えよう。英語の家庭学習をほとんどしない生徒も少なくないし、授業に興味を示さない者もいるが、そのような生徒の多くがパズルやゲームには関心を示していた。授業のウォーミングアップの活動として、また、動機付けとしてうまく活用したいものである。また、語は使わなければ忘れてしまう。英語が好きで得意な学習者にとっても記憶を強化し、永続させるために、様々な語に接することができるこのような活動は有用なものであると思う。

第7章　環境教育と英語の学習

1　はじめに

　近年、様々な環境問題が生じ、我々の生活に大きい影響を及ぼしている。その解決に向けて各方面でいろいろな取組がなされているが、学校教育においても社会科や理科、保健体育などの教科において環境に関する学習が行われている。本章では、環境教育の必要性、これまでの動向、英語教科書における環境問題に関する題材、そして筆者のかつての勤務校英語科での取組を振り返ってみた。

2　英語学習における環境教育

(1)　検定教科書における環境教育に関する題材
　環境教育の対象は、身近な身の回りの問題から地球規模の問題までの広がりを持っている。学習の領域も自然科学の分野もあれば社会科学の分野もあり、多くの教科・科目にかかわる内容を持っている。新学習指導要領においても、「地理」、「公民」、「生物」、「地学」、「保健」、「家庭基礎」、「家庭総合」などの科目において、環境教育に関する内容を指導するように定められている。

　「外国語（英語）」には、環境教育にかかわる内容を扱うようにという規定はないが、多くの教科書に環境教育関係の題材が取り入れられている。表1に示したように、手元にある23冊の英語Ⅰの教科書のうち、20冊が関連の内容を含んでいる。

117

表1　英語Ⅰの教科書における環境教育に関する題材

教科書と課のタイトル	内　　容	主な環境関係語彙
All Aboard! L.10　One Way, No Return	オーストラリアのラクダと日本のブラックバスを例に、帰化した生物とその土地の生態系との関係を探りながら、身近な自然環境について考える。	・local environment ・native plants and animals ・non-native living things ・protect
Power On L.9　A Message from the Universe	宇宙飛行士毛利衛さんのスペースシャトル「エンデバー」からのメッセージ。アマゾンの熱帯林を例に、環境を守るために協力し合うことの必要性を知る。	・green forests ・in great danger ・protect the environment ・work together with others
SUNSHINE L.5　Observing the Influence of Acid Rain	酸性の水の植物の成長に対する影響を実験によって確かめることを通して、地球規模の問題になっている酸性雨について学ぶ。	・acid rain ・burning of fossil fuels ・pollution ・toxic gas
EXCEED L.8　A Message from Forty Years Ago	レイチェル・カーソンは著書『沈黙の春』で、農薬などの化学合成物の多用は生態系を破壊すると40年も前に警告した。彼女の考え方、生き方を通して地球の未来を考える。	・killifish ・farm insecticides ・die out ・ecological crisis ・ecosystem
CROWN L.6 Living with Chimpanzees	チンパンジーの研究で有名なグドール博士にチンパンジーの習性、人との類似点、そして環境問題について聞く。自然界のつながりの大切さを教えてくれる対話文。	・environmentalist ・environmental problems ・insects ・a forest ・start recycling programs

教科書と課のタイトル	内　　容	主な環境関係語彙
ONE WORLD L.8　WHO ARE THE BEST ECOLOGISTS?	環境保護のために努力した五人の人々が紹介され、その中から賞をもらう人を二人、グループ・ディスカッションによって選ぶ。	・recycle ・collect 210 bags of trash ・protect the wildlife ・how to save energy
NEW LEGEND L.3 Ozone Destruction	地球環境問題の一つであるオゾン層の破壊状況と皮膚ガンなどの人体への影響を説く。	・the earth's atmosphere ・protect earth ・skin cancer ・industrial chemicals
Genius L.1　Young People's Century	世界各地の若者からのメッセージを紹介。テクノロジーや平和についてのものとともに、日米の若者による環境問題についてのメッセージも含まれている。	・garbage problems ・collect the trash according to type ・separate trash properly ・pick up garbage
MILESTONE L.7　The Man Who Saved the Albatrosses	絶滅の危機に瀕していたアホウドリに関心を持ち、島の環境を整え、その保護に懸命に取り組んだ一人の男の話。	・become extinct ・protect ・adult birds ・nesting site
Tomorrow L.8　The Man Who Decided to Save the Albatrosses	絶滅の危機に瀕していた鳥島のアホウドリに関心を持ち、その営巣地を整えるなどしてその保護に一人で取り組んだ日本人についての対話文。	・save the albatrosses ・be endangered ・be dying out ・nesting place
UNICORN （SUPPLEMENTARY READING）SILENT SPRING AND AFTER	レイチェル・カーソンの『沈黙の春』の寓話の部分と、政治家アルゴア氏の著者カーソンへの尊敬と共感の気持ちを読む。	・environment ・environmentalism ・DDT ・pesticides and chemicals ・conservation

教科書と課のタイトル	内　　　容	主な環境関係語彙
DAILY L.4　Water is Everywhere, But...	地球上にはたくさんの水があるがほとんどが海水で、使える水はごくわずかである。水の大切さを知る。	・the water planet ・be short of water ・salt water ・fresh water
STEP L.8　Population Explosion	世界の人口が急速に増加しており、食料の増産が必要であるが、環境の保護も忘れてはならないということを学ぶ。	・population explosion ・produce enough food ・protect our environment ・destroy nature
Planet Blue English L.6　Raining Vinegar	酸性雨の影響などについて述べ、酢を使って実験を行い、植物に対する影響について認識を深める。	・acid rain ・air pollution ・harmful ・pollutants
MAINSTREAM L.5　The Lungs of the Earth	借金で金の必要な政府がアマゾンの雨林を伐採し始めた。これを守ろうと仲間たちと命をかけて闘った男の話。	・rain forests ・carbon dioxide ・breathe out oxygen ・save a rain forest
Voyager L.4　Treasure House of Natural Life	戦争の痛手からよみがえり、自然の宝庫と呼ばれるミッドウェー諸島の動物が、流れ着くごみによって命を落としている。	・the Fish and Wild Service ・endangered animals ・plastic bottles and bags
Vivid L.5　Frogs Are Disappearing	今、カエルが減少しており、既に絶滅した種もある。減少の背景には地球規模で進む環境問題があるようで、両生類であるカエルは環境の影響を受けやすいという。	・the environment ・die out ・be in danger ・global warming ・the ozone layer
WORLD TREK L.4　Can the Medaka Survive?	人間の営みが自然環境を破壊し、私たち自身をも脅かしていることを、絶滅危惧種となったメダカを通して考える。	・survive ・agricultural chemicals ・food chain ・endangered species

第7章　高校入門期における辞書学習

教科書と課のタイトル	内　　　容	主な環境関係語彙
NEW English PAL L.9　Children's Rain Forest	スウェーデンの生徒たちは大人も驚く行動力を発揮して、「動物たちを救うために、コスタリカの熱帯雨林を買おう！」という目標を実現していった。	・rain forest ・biologist ・protect ・save
PRO-VISION L.7　An Architect for the Environment	「建築家は社会のために何ができるのか。」建築家、坂茂氏はこの疑問の答えとして、ものを無駄にしないという信念のもとに、紙を材料に建築物を建てることを考えつく。	・refugee camps ・recyclable ・waste resources ・ecology ・be recycled

　このような教材を学習すれば、世界の様々な環境問題に気付き、環境保護への意識が高まるはずである。また、英語によって環境問題解決への思いを発信することもできるようになるのではなかろうか。

(2)　川之江高校での取組

　筆者の勤務した川之江高校は平成15年度の環境教育実践研究指定校として、学校行事、総合的な学習、ホームルーム活動、委員会活動、そして教科・科目の学習等で環境教育に取り組んだ。英語科においても、各科目の関連した課を活用して意識を高め、英語を使って環境問題についてコミュニケーションが図れるよう指導を行った。

(a)　検定教科書での学習

　本校で使用している教科書 Vivid English Course I では、5課で環境問題に関する内容が扱われている。タイトルは Frogs Are Disappearing で、カエルが減少している実態と、その推測される原因について書かれた文章である。これを学習した後、感想文を習熟度に応じて、習熟度の高いクラスには英語で、高くないクラスには日本語で書かせた。

I didn't know that frogs are decreasing now. So I was surprised that frogs which survived the Ice Age are decreasing. Today the environment is very bad. We must think about what to do for the environment. We cannot forget many little animals. We must protect the environment. I found it difficult to solve the problem. So we must make a lot of efforts. The important thing is to think about our lives and the lives of many other living things. I think frogs tell us that we are in danger.（女子）

　私は正直言ってカエルは嫌いです。でもこの課を勉強して、カエルは私達に環境の変化を教えてくれるものだと分かりました。私達は今、ほとんど不自由のない、快適な生活を送っているけど、その背後で失ったもの、奪ってきたものはとても大きいと思いました。私達の生活が楽になれば楽になるほど、カエルは住みかを失い、食べるものを失い、消えてしまう。カエルは嫌いだけど、自分達のせいで追いつめられてしまっている……と考えるとかわいそうになりました。カエルに申し訳ない気持ちになりました。私達は今ある生活を当たり前だと思うのではなくて、失ってきたものの大きさとかをしっかり受け止めなくてはならないと思いました。カエルが望んでいるのは、きっと自然と人間が共存できる環境だと思うので、自分にできることを見つけていこうと思いました。（女子）

(b)　環境関係語彙集の作成

　夏休みの課題として、次のような要領で環境に関する語、語句を集めさせた。テーマを自由にするとやりやすいものに偏ってしまうのではないかと思われたので、テーマごとに4〜5人の生徒を割り当てた。しかし、語、語句を集めやすいテーマと、集めにくいものとがあるので、自分でテーマを選ぶこともできるようにした。

第7章　高校入門期における辞書学習

下記のテーマで環境問題に関する語、語句をできるだけたくさん見つけよう。
(1)　環境行政　　　(2)　大気汚染　　　(3)　水質汚染・海洋汚染
(4)　地球温暖化　　(5)　産業廃棄物　　(6)　食品公害、薬害、農薬公害
(7)　環境保全、自然保護　　(8)　都市・生活型公害
(9)　ごみの再利用（リサイクル）
２つのテーマを分担：①指示されたもの、②自分で自由に選んだもの

テーマ（　　　　　　　　）		テーマ（　　　　　　　　）	
英　　　語	日　本　語	英　　　語	日　本　語

　２学期になって、生徒たちが集めたものと、我々が上記の教科書分析から得られたものやその他のいろいろな資料から集めたものを分類・整理して、資料（p.127 〜）のような表現に役立つ「環境関係語彙集」を作成した。
(c)　英語スピーチ
　１年生はこの語彙集を活用して環境問題に関する英語のスピーチを行った。担当のクラスで５〜６人のグループを作り、内容はみんなで考え、各グループの中の一人が授業の中でスピーチを行った。英語のスピーチは、１学期に自己紹介をした経験しかなかったので、前もって原稿を出させ、ALTにも見てもらい、添削したものを覚えさせた。

On Global Warming

　The number of cars people drive on the roads will become more than one billion by 2015. These cars emit carbon dioxide and many other kinds of toxic chemicals. These gases have much to do with global warming. There are also many kinds of gases in nature. Some scientists are worried that carbon dioxide in the atmosphere is increasing. The heat of the sun is trapped in the air by some gases,

123

and little by little the climate gets warmer all over the world. The destruction of tropical rain forests is also caused by global warming. That influence will cause not only heat but also harsher climate. Even ocean currents are changing. If global warming continues, the ice of the Arctic and the Antarctic will melt into the sea and the sea level will rise. This will cause some countries like the Maldives, for example, to become submerged. We have a lot of work to do for the Maldivian people, and to protect our earth . For example, we should think about the temperature of air conditioners. It is necessary for us to save much electricity. We should take interest in fuel-efficient vehicles and the way we dispose of our trash. We have to live in harmony with our surroundings. Global warming can be stopped. Please think twice about global warming（女子）

(d)　自由英作文

　２年生はライティングの教科書（ONE WORLD）で、Part 1 Lesson 19（Use Less Fuel and Save the Earth）を学習した後、「環境関係語彙集」を利用して環境問題や環境保護に関する自由英作文を書いた。

What Should We Do With Garbage?

What do you do with the trash? You may dump it not on the road but in the wastebasket if you want to. But do you make an effort to reduce garbage? A large quantity of garbage thrown away is taken to the incinerator and disposed of in a way in which it will not destroy the environment, The ashes reclaim the sea and the land we live on increases. This may seem to be a good thing for us. But do you think it is really good? Because of the reclamation, many beautiful beaches have disappeared. We cannot enjoy swimming or gathering shellfish

第 7 章　高校入門期における辞書学習

there any more. If each of us doesn't think seriously about garbage problems, we will not be able to live on this earth much longer.

　So what should we do? Have you ever heard of the "4Rs"? They mean "reduce," "recycle," "reuse," and "refuse." We can not only reduce garbage but also use it as resources over and over again. We have to recycle and reuse the things we have used so that we can save the earth.（女子）

(e)　環境問題への認識を深める活動

　3 年生は、リーディングでレイチェル・カーソンの伝記的記述と A Fable for Tomorrow（Silent Spring）を読み、その執筆・出版が「隠されている情報」に対する戦いであったことを学習した。学習後に、下記のような環境問題に関する語句を一人一つずつ与えられ、その意味を簡潔に日本語と英語で書き、さらに、環境問題に関する意識を高めるために、その語について調べ、その意義や問題点をまとめた。

環境問題に関する語句

青粉、赤潮、アースデー、アスベスト、オゾンホール、環境白書、光化学スモッグ、合成洗剤、コンポスト、砂漠化、産業廃棄物、酸性雨、水銀、ダイオキシン、地球温暖化、DDT、土壌汚染、ナショナルトラスト、排ガス規制、フロン、水俣病など

（生徒の実践例）

一言でまとめると

ナショナルトラストは美しい自然を未来に伝える団体である。

The National Trust is the organization which passes beautiful nature to the future.

125

> ナショナルトラストについて
>
> 　ナショナルトラストは、英国の環境保全団体で、美しい自然や景観を永久に守るためにその所有者となって管理している団体。
>
> 　ピーターラビットの生みの親であるベアトリックス・ポターが湖水地方の美しい風景を守るために自分で土地を買い取り、ナショナルトラストにその維持管理を委ねた話は有名である。また、チャーチル首相が生前愛した家のそのままの姿を守るために寄付し、一般に公開されている。
>
> 　日本では昭和39（1964）年に新聞記事で活動が知られるようになった。財団法人日本ナショナルトラストは昭和43（1968）年に設立された。

　様々な活動を通じて、環境問題への意識を高めるとともに、この問題に関する英語での理解力、発表力も次第についてきているようである。

3　おわりに

　環境教育実践研究指定校として、学校行事や総合的な学習、ホームルーム活動、そして教科・科目等での環境学習・実践を通じて、生徒たちは環境保護の重要性を次第に認識してきた。誰かがやってくれると他人任せの行動をとるのではなく、ごみの処理であろうとリサイクルの活動であろうと、自分が行動しなければ環境美化、環境保護は進まないということに気付き、徐々に活動を始めているようである。英語科での取組はスタートしたばかりで初歩的なものにすぎないが、環境保護活動のために英語が情報のやり取り等で役立つようになることを期待したい。

第7章 高校入門期における辞書学習

資料 環境関係語彙集

1 環境問題全般／環境行政

汚染者負担原則	PPP（= the Polluter Pays Principle）
環境	environment
環境医学	environmental medicine
環境衛生学	environmental hygienics
環境汚染	environmental pollution（*or* destruction, disruption）
環境基準	environmental standard
環境基本法	the Basic Environment Law
環境教育	environmental education
環境権	environmental rights
環境省	the Environment Ministry
環境大臣	the Environment Minister
環境と調和した生活をする	live in harmony with one's surroundings
環境にやさしい	environmentally-friendly / be friendly to the environment
環境白書	White Paper on Environment
環境保護	protection of the environment
環境保全	environmental preservation / preservation of environment
環境保護（保全）主義者	environmentalist / preservationist / ecologist
環境問題	environmental problem（*or* issue）
環境を汚染する	destroy（*or* pollute）one's environment
公害防止条例	pollution control ordinance
国際アースデイ（地球の日）	Earth Day
自然環境	natural environment
製造物責任	product liability
保護	conservation

2 都市・生活型公害／ごみの再利用

可燃ごみ	burnable garbage / burnables / combustibles
ガレージセール	garage sale
くさい	smelly
くず入れ	trash can

127

ごみ、くず	garbage, litter, trash, rubbish（UK）
ごみ収集	garbage collection
ごみ袋	trash bag / bin liner（UK）
ごみを正しく分別する	separate trash properly
ごみを拾う	pick up garbage
ごみを分別収集する	collect trash according to type
再生利用（再使用）する	recycle
再生利用できる	recyclable
再利用する	reuse
資源を何度も利用する	use resources over and over again
焼却	incineration
焼却炉	incinerator
食品くず	food waste
騒音公害	noise pollution
粗大ごみ	large-size refuse
ダイオキシン	dioxin
堆肥	compost
廃棄物処理場	garbage ［*or* refuse / rubbish］ dump
ビニール袋	plastic bag
不燃ごみ	nonburnable garbage / nonburnables / incombustibles
プラスチックトレイ	plastic tray
ペットボトル	plastic bottle
減る、減らす	reduce
有毒化学物質	toxic chemicals
リサイクル計画	recycling program
リサイクル工場	recycling plant
リサイクル品用容器	recycling bin

3 環境保全／自然保護

生き残る	survive
埋立	landfill
営巣地	nesting site ［or place］
脅かされている	be under threat

第 7 章　高校入門期における辞書学習

開発する	exploit
干ばつ	drought
危険な状態にある	be in danger
危険にさらされている	be endangered
原産でない	non-native
原産の	native
魚の捕りすぎ	overfishing
砂漠	desert
砂漠化	desertification
持続可能な開発	sustainable development
死滅する	die out
狩猟のしすぎ	overhunting
森林	forest
森林破壊	deforestation
生物的多様性	biodiversity
生物のメス化	feminization
絶滅	extinction
絶滅危惧種	endangered species
絶滅する	become extinct
地球	earth
土壌喪失	soil erosion
熱帯雨林	tropical rain forest
被害を与える	damage
保護する	protect
（元の状態に）戻す	restore
野生生物	wildlife

4　大気汚染

汚染源	pollution source
汚染物質	pollutant
オゾン層	ozone layer
化石燃料	fossil fuel
光化学スモッグ	photochemical smog

129

酸	acid
酸性雨	acid rain
酸素	oxygen
紫外線	ultraviolet rays
喘息	asthma
大気	atmosphere
大気汚染	air pollution
代替エネルギー源	alternative energy source
低燃費の車	fuel-efficient vehicle
二酸化炭素	carbon dioxide
排ガス規制	emission control
皮膚ガン	skin cancer
フロンガス	CFCs（= chlorofluorocarbons）

5　水質・海洋汚染

赤潮	red tide
油吸着剤	sorbent
油散逸剤	oil dispersant
油の流出	oil spill [or slick]
塩水	salt water
オイルフェンス	oil fence
海洋（上）投棄	ocean dumping / dumping at sea
下水	sewage / sewerage
水銀汚染	mercury contamination
水質汚染	water pollution
水質基準	water quality standards
(流出油の)すくい取り	skimming
洗剤	detergent
淡水	fresh water
富栄養化	eutrophication
流出油	spilled oil
流出油除去（作業）	oil-spill cleanup

第7章　高校入門期における辞書学習

6　地球温暖化／産業廃棄物

明かりを消す	turn off lights
明かりをつける	turn on lights
異常気象	abnormal weather
エアコン	air conditioner
気候の変化	climate change
固形産業廃棄物	solid（industrial）waste
産業廃棄物	industrial waste
省エネ	energy conservation
省エネの方法	how to save energy
地球温暖化	global warming
電気を大切に使う	save much electricity
（工場などの）廃棄物	waste products
廃棄物処理工場	waste treatment plant
ヘドロ	sludge
放射能汚染	radioactive contamination
放射能廃棄物	radioactive waste / nuclear waste

7　食品公害／薬害／農薬公害

遺伝子組み換え作物	genetically modified crop
遺伝子組み換え食品	genetically modified food
化学肥料	chemical fertilizer
化学薬品	chemicals
昆虫	insect
殺虫剤	insecticide / pesticide
散布する	spray
食中毒	food poisoning
食品添加物	food additive
食物連鎖	food chain
水田	rice field
生態環境の危機	ecological crisis
ディーディーティー	DDT（= dichloro-diphenyl-trichloroethane）
毒薬、毒物	poison

131

農薬	agricultural chemicals
水俣病患者	Minamata disease patient
無農薬の	chemical-free / pesticide-free
薬害	damage from medicines / harmful(side) effects of medicine
有機農業	organic farming

第8章　高校入門期における辞書学習

1　はじめに

　高校の英語学習において辞書は a must である。最近の英和辞典は英語学習のための貴重な情報の宝庫である。単に語・語句の意味や例文、発音などにとどまらず、同意語、反意語、語形変化はもちろん、スピーチ・レベルや文化的情報や語用論的情報なども与えてくれる。すでに第1章で述べたように、最近はオーラル・コミュニケーションに役立つ記述を含んだ辞書が多くなっている。

　このように非常に有用な辞書を生徒たちはどの程度活用しているのであろうか。家庭学習の時間がしだいに減少してきている近頃の生徒は、できるだけ短時間に楽に課題や予習を片付けようとする。したがって、英和辞典をじっくり調べようとする者は少なくなってきている。このような生徒に、まず、英和辞典にはどのようなことが載っているかを実際に辞書を引く経験を通じて理解させる指導が必要である。本章では高校入門期の辞書学習で注意したい点と電子辞書の利用状況についてまとめておきたい。

2　辞書学習で配慮すべき点

(1)　見出し語
①　見出し語はアルファベット順で

　見出し語はアルファベット順に並べている。したがって、Mはどのあたりにあるのか、JとLはどちらが先かなど、その順序が瞬時に判断できるようにしておきたい。次のような文字の列をアルファベット順に

133

並べかえる練習をするのもいいだろう。

　　ＮＨＩＭＬＪＫ　　　ｊｆｈｉｌｋ

　　ＣｄａＥｂｆＧ　　　ＴｏｓＰｕｒＱ

　辞書の側面の小口と呼ばれる部分に印刷されている Ａ から Ｚ の文字（インデックス）によって、単語の最初の文字の見当をつけることができることも教えておきたい。

　見出し語がアルファベット順に配列されていることを知らない者はまずいないだろうが、最初の文字のみならず、２番目から後の文字もアルファベット順になっていることを知らない者はいるようである。１年生と３年生に次の八つの語をアルファベット順に番号をつけさせてみた。

　　(A)　explorer astronaut inventor pioneer workman king mayor
　　　　farmer

　　(B)　word tribe world bridle store bridge trick storm

　(A)の正答率は１年生 91.7％、３年生 91.2％であったが、(B)については、１年生 75.6％、３年生 83.9％であった。最初の文字だけで判断できる(A)はともかく、２番目から後の文字も考えなければならない(B)になると、特に１年生では４分の１近くの者が正しく答えられなかった。やはり、各語の最初の文字のみならず、２番目、３番目……の文字もアルファベット順になっていることを知らない生徒がいるようである。

　また、左ページの最初の語と右ページの最後の語を示している欄外見出しの存在にも気づかせておくとよい。生徒が辞書を引いているのを見ていると、この欄外見出しを利用せず、目標の語を見つけるのに手間取っているのをよく見かける。

② 　見出し語は基本形で

　辞書の見出し語は原則として基本形で示されている。名詞、動詞、形容詞、副詞のように、形の変化する語はそれぞれの変化の約束事（文法規則）を理解させておく必要がある。例えば、babies は複数形であるが規則変化であるので、見出し語としては出ていない。基本形の baby に戻して引く必要がある。同様に、washes, longer などを引いても見出し

第8章　高校入門期における辞書学習

語には出ていないので wash, long を引かねばならない。このようなことは辞書を引くにはある程度語形変化に関する文法知識が必要だということを意味している。したがって、辞書をスムーズに引けるようになるためには、語形変化について復習しておく必要がある。

③　見出し語には、複合語や略語、よく使われる固有名詞も

　見出し語には普通の単語だけでなく、2語以上から成る語（合成語）もアルファベット順に並んでいる。例えば、gas station であれば、gas という語のすぐそばではなくて gasstation という一つの語と考えて引かねばならない。UNESCO や B.C.のような略語は問題ないと思うが、固有名詞の Martin Luther King などは Martin や Luther でなく、King を引けば出ていることも教えておかねばならない。

(2)　発音記号

　見出し語の次に発音記号が示されている。英語Ⅰなどの教科書の新出単語は、授業の中で発音の学習が行われるだろうが、単語集など副教材については必ずしも発音学習や練習が行われるとは限らない。最近はCDなどが付いているものもあるが、生徒たちはふつう発音記号に頼らねばならなくなる。したがって、高校入学後できるだけ早い時期に発音記号の読み方を指導しておきたい。生徒たちに分かりにくい発音記号は、[ʒ], [dz], [tʃ], [dʒ], [ð], [w], [ʌ], [j], [ŋ], [ʃ] などである。

　たいていの学習辞典には、発音解説のページがある。唇の形や舌の高さなどを図で示し、調音法を解説している。また、英語の発音は実際の音声を耳から聴くのでなければ正確に習得することは不可能として、母語話者の吹き込んだCDが付いている辞書もあるので活用させたい。

(3)　音節とアクセント

　発音記号についているアクセントの記号については、[´] が最も強く発音する第1アクセント、[`] が第2アクセントであることを教えておきたい。これが分かっていない生徒が意外にいるようである。

135

また、生徒は音節についての知識はほとんど皆無である。考査におい
て「最も強く発音する音節を選び……」などという指示を与えるなど、
私たちは無意識に「音節」という言葉を使ってしまうことがある。辞書
で音節がどう示されているかを教え、英文を書いていて改行しなければ
ならなくなったとき、どこでも好きなところで区切るのではなく、区切
る場所は音節の切れ目であることを分からせておきたい。

(4)　品詞

　品詞は名、代、形、副、動のような略語で示されている。最近は少な
くなってきているようであるが、n., pron., a., adv., v.,（vi., vt.）のよう
な英語の略語で示されているものもある。特に英語の場合は、それぞれ
がどの品詞を示しているのか正確に覚えさせておかねばならない。

　一見やさしそうな単語でも二つ以上の品詞を持つ語はけっこうある。
二つ以上の品詞があるものについては、¹book, ²book のように左肩に小
数字を付けて区別しているものと、−の後に別の品詞を示しているもの
とがある。ある単語について、どのような品詞があるのか確認させたり、
次のような例文を示して品詞に注意して意味を調べる練習をさせたりす
るといい。

　①　She sat in the <u>back</u> of the car.

　②　He <u>backed</u> the car into the garage.

　③　Go <u>back</u> to your seat.

(5)　熟語・熟語的表現

　2語以上から成る熟語はふつう構成要素の中の中心となる語（主に名
詞や動詞）の熟語欄に出ている。熟語欄は原則として品詞別に単語の語
義・用例などの後にアルファベット順に示されているので、二つ以上の
品詞のある語は注意しなければならない。熟語と熟語的表現の違いは微
妙であり、A辞書では熟語扱いされていても、B辞書ではそうでないと
いうことも多い。例えば、shoulder one's way は『ライトハウス』では

第8章　高校入門期における辞書学習

熟語扱いであるが、『スーパー・アンカー』では熟語的表現扱いで、動詞のshoulderの文型として出ている。また、have a hard timeは、『ライトハウス』ではhardでも、timeでも熟語として出てくるが、『スーパー・アンカー』においては、hardでは熟語として、timeでは文型として出ている。また、『フェイバリット』では、より一般的なhave a …timeが熟語扱いで出てくるだけで、have a hard timeは形容詞の語義②の用例として出てくるだけである。このように熟語や熟語的表現の記載の仕方は様々であるので、カンを働かせ、根気強く調べる必要があろう。

　熟語などの見出しで使われる one'sや oneselfの使い方にも注意が必要である。それぞれ所有格、再帰代名詞を表しているということ、そして文中ではふつういろいろな形に変わっていることを知らなければ辞書で調べられなくなる可能性がある。また、one's と A'sまたは…'sなどの違いにも注意が必要である。one'sは主語と同じものの所有格を、A'sや…'sは主語と異なるものの所有格を示している。

shoulder one's way － He shouldered his way through the crowd.

(heと hisは同じ人)

go to A's head － Success has gone to her head.

(Successと herは別のもの)

(6)　語義と用例

　図1は筑波大学附属高校英語科の辞書使用用途・目的の調査結果(2002)である。辞書を使う目的で最も多いのは、やはり語義を調べるためであり、これは他の学校においても言えることであろう。

　辞書でやっと見出し語にたどりついても、多くの語義の中から文脈にあったものを選び出すのに苦労し、うまく見つけられずあきらめてしまう生徒もいる。多くの語義の中から適切なものを選び出すことができるためには、ある程度の文法知識が必要である。調べようとしている語が名詞なのか動詞なのか、動詞であれば自動詞なのか他動詞なのかなどを文脈の中で考えながら決めていかねばならない。また、成句や合成語に

137

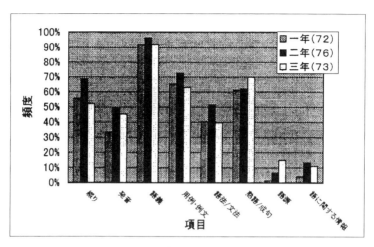

図1　辞書使用用途・目的

ついては、それが成句または合成語であることを認知し、辞書のどこにそれが記載されているかを見つけ出さなくてはならない。

　筆者の調査（1年生対象）において、教科書の予習で辞書を引くとき、「その単語の使われている前後関係を考えながら調べる」は39.2％で、「前後関係など考えないで、かたっぱしから引く」が53.6％もいた。また、英文を読んでいて、知らない単語に出くわしたとき、「一応前後関係から推測し、それから辞書で調べる」が41.2％であるのに対し、「すぐ辞書を引く」が35.3％であった。この結果からも予想されることであるが、辞書を引くことは英語の学習において非常に大切だと言うと、知らない語に出くわすとすぐ辞書を引く生徒が少なくない。どんなに語彙力をつけようとも、知らない語はいくらでも出てくる。文脈から未知の語の意味を推測する力をつけることも大切である。文脈から予測をつけた上で辞書を引いて適切な語義を見つけ出すほうが能率的あることも理解させたい。

3　電子辞書と紙の辞書

　英語の学習において電子辞書を使用する生徒が徐々に増えてきている。筆者が勤務した学校の生徒の所有状況は表1のとおりである。勤務校では入学時に全員に指定の英和辞典を買わせ、入学時最初に辞書学習を行っている。従って、当時電子辞書の所有については何の指示もしていないので、所有者数はクラスによって大きな差がある。半数以上の20名が持っているクラス（3年生）もあれば、わずか2名しかいないクラス（2年生）もある。学年別に見ると、1、2年生はだいたい四人に1人、3年生は三人に1人が持っていたということになる。

　筑波大学附属高校（2002年度　第52回高等学校教育研究大会資料）の場合は、表2のように、学年が上がるにつれて電子辞書を持つ率が高まり、3年生では紙の辞書を上回っている。

表1　電子辞書所有者数(人)及びその比率(%)(川之江高校2003年9月調査)

	1年生	2年生	3年生	全校
所有者数	94	83	120	297
%	27.8	24.8	34.1	29.0

表2　電子辞書・紙の辞書所有者人数(人)（筑波大学附属高校2002年調査）

	1年生	2年生	3年生	合計
電子辞書	40	26	57	123
紙の辞書	73	31	52	156

　川之江高校の場合、紙の辞書は全員が持っていたので、どちらを良く使うかを電子辞書を持っている生徒に尋ねたのが表3である。4割強の生徒が電子辞書と答えており、紙の辞書の使用は学年が進むにつれて減っている。どのような使い方をしていたのかは明らかではないが、両方おなじくらい使う者が3分の1いた。学校では電子辞書、家庭では紙

表3　電子辞書と紙の辞書とどちらをよく使うか（単位：%）

	1年生	2年生	3年生	合計
電子辞書	41.5	39.8	45.0	42.4
紙の辞書	30.9	20.5	18.3	22.9
両方同じくらい	26.6	37.3	35.0	33.0

の辞書、単語の意味は電子辞書、熟語の意味や用例は紙の辞書などそれ
ぞれの長所を生かし、使い分けるようにさせたい。

　電子辞書所有者（297名）について、その収録辞書の種類を調べたの
が表4である。約4割が英和＋和英の英語学習専用のものであるが、国
語、漢和、古語辞典を収録したものもかなり多く、国語の学習での使用
も期待できる。育英高校では、国語科が電子辞書を推奨し、2001年4
月に約4割の生徒が購入したという（高校の授業に活かす「電子辞書セ
ミナー」資料）。筆者の勤務した川之江高校の生徒は、表5が示すように、
8割以上の者が英語の学習に電子辞書を活用していたが、国語と両方で
利用している者もいた。また、英英辞典の機能を備えたものを持ってい
る生徒もいたので、これも何とか利用できるようにさせたいと思った。

表4　電子辞書に収録されている辞書の種類

	収録辞書（a英和　b和英　c英英　d国語　e古語　f漢和）						
	ab	abd	abf	abdf	abdef	abcdef	その他
人数	122	45	34	29	22	13	32
%	41.1	15.2	11.4	9.8	7.4	4.4	10.8

表5　電子辞書をよく使う教科・科目（単位：%）

	1年生	2年生	3年生	合計
英　　語	78.7	79.5	90.8	83.8
国　　語	21.3	14.5	18.3	18.2
その他	0	2.4	2.5	1.7

第8章 高校入門期における辞書学習

　電子辞書の長所は何よりも持ち運びが楽であるということである。ケースに入れても、250g程度である。その中に英和、和英、英英、類語、国語、古語、漢和など何冊もの辞典が入っている。一方、高校生用の英語や国語で使う紙の辞書は1冊800g以上の重さがある。1冊だけなら何とかなると思うが、英語と国語両方の辞書を2冊以上バッグに入れて登下校するとなるとたいへんである。それでなかなか学校へ持ってこないし、持って来れば学校へ置いて帰るということになる。国語科での取組ではあるが、実際に電子辞書を導入した長野県立岡谷東高校では、それまで辞書離れしていたのに、導入後は常に8割の生徒が電子辞書を持参して、授業に参加していると言う（セイコーインスツルメント資料）。

　すぐに引けるというのも電子辞書の大きな利点である。紙の辞書でページをめくり、語を探すという作業に慣れていない生徒は時間がかかる。その点、電子辞書はゲーム感覚で楽に調べられるので、デジタル世代の生徒たちにも興味深いものである。調査では外にも長所として、ある語から他の語へジャンプできる、履歴が残る、コンパクトなのに多くの情報が得られる、などが挙げられている。

　もちろん、電子辞書にも短所がある。語義がたくさんあると一度に見られない。例文なども一目で確かめられず、別画面に切り換えなければならない。とばし読みがしにくい。派生語が調べにくい。画面が見づらい。下線を引くなどの書き込みができない。覚えにくい、忘れやすい。機種によると思うが、単語や熟語の数が少ない、記述内容が詳しくないなどの意見もあった。

　電子辞書と紙の辞書との比較について、筑波大学附属高校の調査の一部を紹介させていただこう。

　　・綴りや意味だけをパッと引きたいときは電子辞書、関連のある語やより深くその語を知りたいときは紙の辞書。
　　・電子辞書のほうが持ち運びがしやすいし、素早く引けるのでついついいつも使ってしまうが、絵がないのが欠点。それがどんなものか知りたいときは紙の辞書のほうがいい。

141

・速く調べたいとき、外国へ行くときは引きやすく、持ちやすい電子辞書が便利だが、調べたい語の前後も確認できる紙の辞書もまたいいと思う。

・テスト前など、時間がないときに単語を調べるのは電子辞書で、予習には紙の辞書を使う。

このようにいろいろな意見を見てくると、両方それぞれ長所短所があることがわかる。できれば両方の辞書を持ち、場面や目的により使い分けるのが賢明であろう。

ところで、学校で電子辞書を指定、あるいは推奨して生徒に購入させるとなると考えねばならない問題が出てくる。それは価格の問題、盗難や破損の問題などである。まず、価格についてであるが、高校生向きの電子辞書のメーカー希望小売価格は3万円を超える。一方、紙の辞書は英語と国語5種類合わせても1.5万円以下である。入学時や年度初めの保護者の負担を考えると、全員に買わせるというのはなかなか難しそうである。しかし、学校である程度購入数がまとまれば、かなり割引される場合が多いので検討の余地はある。さらに、英語科と国語科が協力し、どちらの授業でも使うとすれば高価な買い物と言うことはなくなる。破損・故障については、メーカーによると思うが在学中保証が多いのではなかろうか。

4 おわりに

高校入門期の辞書学習と電子辞書についてまとめてみた。電子辞書であろうと紙の辞書であろうと、授業で使わなければ生徒は持って来なくなる。授業の中に「辞書タイム」というような時間を設けて、毎時間何らかの形で辞書を引かせたい。語義や用例以外に次のようなものが考えられる。つづり（米語と英語の違いなど）、発音（tearなどのように品詞により発音の異なる語、objectなどのように品詞により強勢の位置の違う語）、変化形（動詞の過去形、過去分詞形、形容詞・副詞の比較変

化、名詞の複数形など）、コロケーション（earn／make money など）、成句（take the place of, a great deal of など）、同意語（large と big など）、反意語（old と young など）派生語（名詞形、動詞形、形容詞形など）、接頭辞・接尾辞（im-, en-, -able, -ness など）、語源（culture など）、文化的なものなど。

　辞書をどのようにどの程度使いこなすかは、英語力の向上に大きな違いをもたらすはずである。辞書を活用することを厭わない生徒を育てたいと思う。

第9章　書くことの自己研修

1　はじめに

　書くことに関して私が若い頃から現在まで続けていることが三つある。英文日記をつけることと、英語教育関係の雑誌の演習欄に英文を投稿すること、そして、英語によるニュースの放送を録音して書き取ること（ディクテーション）である。これらの自己研修について振り返り、関連した活動を生徒の学習にどう活かしていくかを考えてみたい。

2　英文日記46年

　「継続は力なり」と言われる。これは外国語の学習についても言えると思う。英語を自由自在に使いこなせるようになるためには、根気強い努力を続けなくてはならない。途中で投げ出してしまわないようにするためには、明確な目標を立て、適切な方法を用いなければならない。英語の読む力をつけるのであれば、小説でも定期刊行物でも自分の関心や目的にあった読み物をどんどん読めばいい。しかし、書く力をつけるためにどんどん英語を書けと言われても何を書けばいいのか見当がつかない。英語の論文や小説などはなかなか書けるものではないと思うが、英語の日記であれば、人に見せるものでもないので気楽に書けるように思われる。

　わずかであっても毎日英文を考え、書き留める作業は、少なくともそれまでに学んできた英語を忘れるのを防いでくれる。また、忘れるのを防ぐだけでなく、できれば少し努力して、読んだり、聞いたりした語や表現を日記の中で使ってみたり、知らない語を辞書で調べて使えば、そ

145

れだけ語彙に関する知識が増える。手元に、私が英語で日記をつけ始めた1967年と1968年の英文日記（旺文社）がある。その表紙カバーの折り込みの部分に次のような宣伝文句が書いてある。

　「英文で日記をつける喜びを味わいながら、学習でも、受験でも、教養でも、あなたの英語の力をグングンのばしてくれるダイアリー」（1967年版）

　「忘れ得ぬ日々の記録を英語でつづるよろこび。知らず知らずのうちに英語力が伸びて行くたのしみ。そのよろこび、たのしみを実現させてくれるのがこのダイアリーです。」（1968年版）

　私がなぜこのような英文日記帳を買ったのかは、35年以上もの年月が過ぎた今では全く覚えていない。1967年は大学を卒業して、教員になった年であるので、何かやらねばならないという英語学習への積極的な意識がそうさせたのかもしれない。しかし、この年の日記を今めくってみると、何も記入していない日がかなりあるし、書いてあっても2、3行で終わっている日もある。2年目になると、空白の日はないが、天気以外は日本語の文だけという日がかなりある。英語力不足を感じ、何とかしなければという気持ちは日記の記述の端々に見られるが、慣れない教員生活の1日を終えた後で、毎日きちんと1日分の欄を英語で埋めるのは、まだ、大変だったのかもしれない。

　1969年からは研究社の英文日記を使うようになった。この年からは1日も欠かさず全て英語で書き、現在まで続いている。だいたいの内容はその日あったこと、自分がしたこと、思ったことなどで、あまり変わったことのない平凡な教員生活であるので、読み返してみると、全く退屈な内容になっている。もっと世界や日本の大きな出来事なども書いておけばよかったかなと思ったりもしている。

　毎年秋になると書店に注文し、取り寄せて使っていた研究社の英文日記は1994年版を最後に出版されなくなってしまった。その後7年間2001年までは研究社のご厚意で、残っていた古い日記帳を使わせてもらい、曜日を書き換えるなどして記入してきた。2002年からはそれも

第9章　書くことの自己研修と学習

できなくなり、仕方なく、これまで使ってきた英語の日記帳に似た形式
の日本語用の日記帳を使い始めている。

　英文日記が出版されなくなったとき、英文日記などというものは時代
遅れで、次第に書く人もいなくなってしまったのかなと思ったりもした。
しかし、21世紀になって英語の日記に関する本が次々に出て、ベスト
セラーになったのもあることを知った。最近私が近くの書店で見つけた
ものだけでも次のように7冊もある。

　　石原真弓『英語で日記を書いてみる』ベレ出版　2001

　　石原真弓『英語で日記を書いてみる　表現集編』ベレ出版　2002

　　井口紀子『「英語で日記」をはじめよう！』永岡書店　2002

　　石井智子『中学英語で日記が書ける本』中経出版　2002

　　多田鏡子、カーティス・パターソン『英語で日記がスラスラ書ける』
　　　　日本文芸社　2002

　　細見美也『一行から始める英語日記の書き方』新星出版社　2002

　　小林麻綾『一日10分英語で書こう4行日記』オーエス出版　2003

このように最近急に英語日記に関する本が出版されるようになったの
はなぜなのだろうか。日記は英語で書こうと、日本語で書こうと、ふつ
うは他人に見せるものではないから、他に書く人がいてもいなくても関
係はないが、仲間が多いということは悪いことではない。また、英語を
教える者として、そのような形で英語を生かして使ってくれる人がたく
さんいるということは嬉しいことである。上記のような英語日記につい
ての本を読んだ人がみんな日記を書き始めたわけではないだろうが、関
心を持つ人がたくさんいるのに英文日記帳が売れなくなり、発刊されな
くなったのはどうしてなのだろうか。1日分のわくを決められた紙の日
記帳にペンや鉛筆などで書き込むというようなことを現代人はしなくな
り、パソコンなどで自由に英文を打ち込んでいるのだろうか。

　英語で日記をつけることの意義は、何よりも英語の学習を継続できる
ことである。しかし、自分の反省から言えば、毎日同じようなことの繰
り返しでは進歩はあまり期待できない。自由に、気ままに書けばいいの

だが、英語力向上を望むなら、あいまいなスペリングや語、語句、構文などは確認して正しく書くように心がけるのがいいと思う。また、努めて新しい語句や表現などを用い、テーマも広く様々なことを取り上げるようにすると英語による表現力が高まるのではなかろうか。

3　英文日記への誘い

　毎日英語の学習に取り組んでいる高校生にも英語の日記を書くことを勧めてみたい。高校のライティング教科書の半分程度が何らかの形で英文日記を取り上げている。日記形式の例文だけのものから、段階を踏んで日記文が書けるように詳しく扱っているものまでいろいろある。英語の日記を書くことについて、ライティングの教科書（SUNSHINE）には次のように記されている。

　日記は、その日の出来事や感想などを記録しますが、個人的なものなので、書き方にとらわれる必要はありません。1行でも2行でも自由に記していくことが、英文を書く習慣を身につける上でたいへん役立ちます。

　Keeping a diary in English is a good way to become a better writer of English.

　教科書には英文日記を書くときのポイントとして、次のような注意事項が例文とともに示されていることが多い。

---

①　曜日・日付
　　曜日を記入し、ついでその後に月日の順（米国式）で書く。月・曜日は省略形を用いてもよい。
②　天候
　　英米の日記には天候を書く習慣はないが、もし記したければ天候・

148

寒暖などを記入する。

③　動詞

　日本語の日記では過去のことでも「午後買い物に行く」などと書けるが、英語では過去の事は過去形で表す。

④　主語の省略

　主語のIは省略することができる。また、主語のIとともに習慣になっている行動を表す動詞を省略することもある。

（例）After dinner, read the *Rolling Stone* magazine until 11. [I went to] Bed at 11:30.

このような注意事項と簡単な例を示し、1年生に夏休みの2日間だけ日記を書かせてみた。家族や友達とどこか遠くへ行ったことを書いたものが多かったが、その中の二人のものを一つずつ示すことにする。

(1)　Wednesday, August 13 Cloudy

　I'm in Kyoto now. I left Kawanoe yesterday. I stayed at a hotel for a day. I saw Kyoto University. I want to go to the university, but I think I can't go there by current grades. I'm not doing well at school. I must study hard as well as play sports hard. I want to remember, "Practice makes perfect"（男子）

(2)　Monday, August 11 Cloudy

　My family and I went to Kochi to see the Kochi Yosakoi Festival. We went there last year, too. I want to go there again because I was impressed by the dances. Various groups participated in this festival. Each group had several characteristics and we enjoyed watching them. The music echoed in our bodies, the beautiful costumes, refreshing faces, dances and shouts, etc., etc. I really enjoyed them. I wanted to see them more. I want to go and see it again.（男子）

初めて英語で日記を書く生徒が気楽に取り組めるように、三つのステップによる段階的な練習方法を示した教科書もある。二つ紹介しておこう。

149

(a)

① 日常の出来事を起こった順にメモ的に書き留める。

June 23

    6:00   Got up

    6:30   Had breakfast

    7:00   Left home for school

   17:30   Finished soccer practice

   19:00   Got home

   23:30   Went to bed

② メモをもとに文にして、日常の出来事を書いてまとめる。

June 23

   This morning I got up at 6:00 as usual. I didn't have much time for breakfast. At 7:00 I left for school. I arrived at school at 8:00. I had four classes in the morning. After school I practiced soccer for two hours. I finished it at 17:30. Then I took the bus back home. I got home at 19:00. After supper I did homework. I went to bed at 23:30.

③ 日付、曜日、天候などを入れて整えて書く。

Sat., Nov.12   Sunny but cold

   This morning drove to the shopping center. Parked my car in the large parking lot. First, went to the supermarket. Bought vegetables, eggs and other things. Did my shopping for the entire week. Then, went to the department store. Looked at shoes and coats. After lunch, went home. Very tired when arrived home.

(NEW ACCESS)

第9章　書くことの自己研修と学習

(b)

① 1st Draft

次の a ～ d の項目について、空所（原典では Idea Ralloons）に日本語で書き入れ、内容を整理しましょう。

a　曜日＿＿＿＿＿, 日付＿＿＿＿＿, 年＿＿＿＿＿, 天候＿＿＿＿＿

b　午前中の行動　　　　日記　　　c　午後の行動

＿＿＿＿＿＿＿＿＿＿＿＿＿＿＿　　　　＿＿＿＿＿＿＿＿＿＿＿＿＿＿＿

d　1日の感想

＿＿＿＿＿＿＿＿＿＿＿＿＿＿＿

② 2nd Draft

1st Draft の a ～ d の項目について、次の空所に適当な表現を入れ、英文で書き表しましょう。

a　＿＿＿＿＿＿＿, ＿＿＿＿＿＿＿, ＿＿＿＿＿＿＿, ＿＿＿＿＿＿＿

b　In the morning,＿＿＿＿＿＿＿＿＿＿＿＿＿＿＿＿＿＿＿＿＿.

c　In the afternoon＿＿＿＿＿＿＿＿＿＿＿＿＿＿＿＿＿＿＿＿.

d　This was＿＿＿＿＿＿＿＿＿＿＿＿＿＿＿＿＿＿＿＿＿＿＿.

③ Final Draft

2nd Draft で作成した英文をもとに、「日記」を英文で書きましょう。

（MAINSTREAM）

4　英作文修行 30 年

英文日記のように毎日というのではないが、毎月一度で約 30 年間続けているのが、雑誌の英作文演習欄への投稿である。教員になって 5 年間工業高校で英語 A（就職生対象）を教えていた私は昭和 47 年度に普

151

通科の高校へ転勤になった。翌48年度からの新しい教育課程では全く経験のない英作文の指導が予想された。今振り返ってみると、48年度に実施された学習指導要領の時代が、書く活動を最も重視したときであったように思われる。英作文の教科書が1年から3年まで各学年ごとに存在していた。その後は、英語ⅡCやライティングのように、英語Ⅰ履修後に2、3学年で学び、教科書も1冊になってしまった。この新課程の英作文指導に備えての自己研修として、大修館書店の月刊誌『英語教育』の「和文英訳演習室」や研究社の月刊誌『現代英語教育』（1999年3月号で休刊）の "Can You Say It in Another Way?"（後に "What Do You Think?"）などに挑戦し始めた。

「和文英訳演習室」の課題は本の一部や新聞のエッセイなどを英語に直すもので、最近の出典は以下の通りである。2003年4月号：今井宏『日本人とイギリス―「問いかけ」の奇跡』、5月号：杉山知之『デジタル書斎の知的活用術』、6月号：勝俣銓吉郎『英語修行の五十年』（私家版）、7月号：津田幸男・関根久雄編著『グローバル・コミュニケーション論』、8月号：國弘正雄『ASAHI WEEKLY』6月30日号（2002）、9月号：陰山英夫『本当の学力をつける本』。

"Can You Say It in Another Way?" は、鳥居次好先生が担当され、パラフレイズを中心とする英作文講座であった。1983年に中尾清秋先生が担当されるようになり、講座名が What Do You Think? に改められたが、中身はあまり変わらなかったと思うし、100語程度の英文を書くというのもずっと変わらなかった。中尾先生が担当された最後の3か月分の課題を挙げておくと、1998年1月号：Should a representative of Japan's Imperial Family have been sent to Prince Diana's funeral?, 2月号：Should English be taught in Elementary School?, 3月号：Does the choice of "Senryu"– Rojin wa/Sinde kudasai/kuni no tame – show lack of good sense? であった。

どちらも締切が近づくと、週末を中心に英文の作成に必死で取り組んできた。一時期は研究社の『時事英語研究』の和文英訳もやっていたの

で、月の後半になると次々に締切の日がやってきて大変であった。「和文英訳演習室」は、与えられた日本文を英訳するだけなのだが、訳しにくい文や表現が必ず含まれている。また、表現があいまいだったり、自分が全く関心のない分野のことであったりして、日本文の内容が理解しにくい場合もある。"What Do You Think?" はある課題に対して100語程度の英語で自分の考えをまとめるものであったので、無理をせず、自分の知っている語句や構文で表現すればよかった。大変だったのは、読む人に説得力のある内容を考え、どう文を構成していくかであった。なじみのないテーマの場合は、わずか100語であってもなかなかそこまで書き進められず苦労した。

　結果はどちらも2か月後に、誌上にA, B, Cなどの評価が示されている。『英語教育』誌には、担当者による試訳、投稿者の英文に対する訂正例、そして講評が掲載されるので、自分の英訳と比較検討することができる。自分の英文が訂正例として取り上げられると添削された全文が分かるのでたいへん勉強になるが、投稿者が多いのでそのチャンスは少ない。次に1992年9月号の課題文と11月号に掲載された添削例（著者の投稿文）を示してみよう。

和文英訳演習室課題

　わが国と違って、ヨーロッパのアパートは下の階ほど値段が高く、上の階ほど、そして日当たりのよい部屋ほど値段が安い。最上階は、それこそ「眺望絶佳」で日当たりもよいが、ここに住むのは低所得者層である。それは、一つはエレベーターがなく六階も七階も上まで上がるのが大儀だったせいである。しかしもう一つは、上の日当たりのよい部屋では、その日射しによって、大切な家具に狂いがくるのを恐れるからである。

　このような、木を大切にする心は、家具そのものにも表現されている。これまたわが国とは反対に、もっとも普通の都市の家屋はコンクリート造りのアパートであり、より高級なのが郊外の一戸建てに見られるよう

153

な、伝統的な石造りであり、そして最高にぜいたくなのが、木組みの家である。——木村尚三郎『粋な時間にしひがし』

【添削例】（　）内は削り、斜字体は評者の加筆、訂正を示す。

Unlike the case in our country, the lower the story in an apartment house in Europe is, the higher the rent is. The higher (the story is) and (the) sunnier the room is, the (cheaper) *lower* the rent is. The top floor has a very fine view and is very sunny, but it is (the) people in the lower income brackets that live there. It is partly because (it is tiring to) walking up to the 6th or 7th floor is *tiring* (as) *since* there is no elevator. (But another) *Another* reason is that (they) *well-to-do people* are afraid that their (important) *valued* furniture may be warped (in the sunny upper room because of) *by* the sunshine, *if placed in the upper, sunny rooms.*

Such (mind) *an inclination* to (put much importance on) *value* wood is also expressed in their *dwelling* houses (itself) *themselves.* This is also contrary to the situation in Japan. The commonest *urban* houses in (cities) *Europe* are apartment houses made of concrete (, and) ; higher-class are traditional *stone* houses (made of stone) as (seen in) *typified by* detached houses in the suburbs (.And), *and* the most luxurious are wooden houses.

『現代英語教育』誌には、4～5名の投稿者の英文が載り、講評やModel Essayが示されていた。ありがたかったのは、返信用封筒を同封しておくと、添削して評価とコメントを添えて送り返してくれていたことである。

次の英文は『現代英語教育』誌に投稿したもので、中尾先生が著書（1991:245-246）において自由英作文の例の一つとして取り上げて下さったものである。なお、斜体部分は訂正を、括弧内は削除を示している。ただし、コンマやピリオドの挿入は線で示している。

第9章　書くことの自己研修と学習

課　題

[Should the "mercy killing" of pets be allowed when one can no longer keep them?]

添削例とコメント

I like cats, especially kittens, and I do not like to kill animals. But when I can no longer keep them, I would rather have them killed by a vet than abandon them, *hoping* (praying) they may be picked up by someone. *I say this* (It is) because there seem (s) to be very few chances for them to be picked up. Some pets abandoned by *the* roadside may be hit or run over by cars. Some may be killed by other animals or starve to death. Others may become stray dogs or cats and be chased (about) by men. *That is* (How) miserable; (!) and s (S) o, I would like them to be painlessly "put to sleep."

Comment: "To put to sleep" as here used is a euphemism for "to kill." Hence I would enclose the expression in quotation marks.

中尾先生は、著書（1991:13-18）において、英文を書くこと、そして語彙を増やすことに関して次のように述べておられる。

　　英文を書くということは、設計図を見ながら煉瓦を1個ずつ並べ、木材を1本ずつ組み立てて、一軒の家を建てる手作業に共通するものが多分にある。家を建てる時の建築材料である煉瓦や木材に当たるものが、英文を書く場合の語彙であり、煉瓦の並べ方、木材の組み立て方を教えてくれる設計図に当たるものが単語の配列を教えてくれる文法であり、家の最後の仕上げに必要な諸々の材料に当たるものが英文をより美しく、より力強いものにしてくれる idiom である。

　　語彙を増やすための一番自然な、従って一番良い方法は読書である。……語彙に関する限り、大切なのは単語の数ではなく、その質と記憶の正確度である。

155

5 和文英訳と和英辞典

　読書量が少なく、語彙も不十分な者がこのような英作文修行に取り組むということになれば、どうしてもいろいろな辞書の助けが必要になる。"What Do You Think ？"の方は自由英作文であるから、自分の知っている語や語句で表現すればいいので、それほど辞書に頼らなくてもすむものの、和文英訳となるとどうしても辞書、特に和英辞典の助けが必要になってくる。「和文英訳演習室」の課題文には、英訳の困難な、いかにも日本語らしい表現がしばしば現れる。一応自分で考えてはみるものの、全く歯が立たない場合もあれば、何とか英語で表現してはみたものの、冗漫に思えたり、あるいは何か言い尽くしていないのではなかろうかと思われることも少なくない。そこで、結局は和英辞典に相談ということになる、このような雑誌の演習欄に投稿するようになってまもなくして、研究社の『新和英大辞典（第4版）』が出版された。さっそく買い求め、約40年間「演習室」の英作文作成の際には必ず活用してきた。

　どんな大きい辞書でも収録されていない語はいくらでもある。辞書を引いてみても、求める語が出ていないとがっかりするが、逆にまさか出ていないだろうと思う語や表現が載っていると本当にうれしい。『英語教育』の昭和57年12月号の課題文には、「高砂の尉と姥」という言い方が出ているが、上記の辞書にはこれにあたる英語表現がちゃんと the Japanese Darby and Joan として示されているのである。また、あまりなじみのない日本語の意味を教えられる場合もある。同じ課題文の中に「結納の島台」という言葉が出ているが、その意味は同辞典の次のような言い方で明らかになる。

　　shimadai: an ornament on a stand representing the Isle of Eternal
　　　　　　Youth

　英作文力の向上は和英辞典からの独立であろうと思われる。愛用の辞書との別れが英作文力向上の証となるはずであるが、私とこの『新和英大辞典』との別れは当分ありそうにもない。最近第5版が出て、迷うこ

ともなく買ってしまった。

6　自由英作文

　かつて高校における英語の書く活動と言えば和文英訳であったが、昭和48年度から実施された学習指導要領で英作文が独立して、自由英作文的な活動も取り入れられるようになった。身近な話題を取り上げ、モデルとなる文章が示され、それを参考にして各自で英文をまとめるようになっていた。しかし、現場ではあまり歓迎されなかったようである。それは、添削など、書かせた後の指導が大変なことや大学入試の影響であったろう。指導要領が改訂され、英語ⅡCやライティングになっても状況はあまり変わらなかったのではなかろうか。しかし、今度の指導要領改訂で高校のライティングの教科書はかなり変わったという印象を受けている。練習問題が従来通り和文英訳中心のものもまだあるが、かなり減ってきており、和文英訳が全くないものもある。そのような教科書には自由英作文的なタスクがたくさん準備されている。

　パソコンが普及し、インターネットが盛んに利用され、eメールの交換も頻繁になった今、国境を越えて書くことによるコミュニケーションを図る機会がこれまでになく増え、その必要性が急速に高まってきている。大学入試においても、国公立大学の2次試験を中心に自由英作文的な問題が増加してきている。このような状況を踏まえ、高校生にもどんどん自由英作文を書かせてみたいものである。

　高校生が自由英作文に上達するためには、次のような点に留意するよう指導すべきであろう。

① 単語や連語の用法に習熟する

　英語の他の技能においても語彙力は非常に重要であるが、書くことにおいては意味・用法等はもちろん、スペリングも正確に書けるようにならなければならない。動詞であればそれが取る文型、名詞であれば可算か不可算かなどの知識がなければ、正しい文は書けない。中学校で学ん

だ単語や連語、そして高校の英語Ⅰ、Ⅱやライティングの教科書に出て
くるもので表現に活用できそうなものを一つ一つきちんと覚えることが
必要である。

②　基本文型に習熟する

　中学校や高校の英語Ⅰなどで学習する基本文型を確実にマスターし、
その一部を置き換えれば、自分の述べたいことが表現できる。基本文型
を身に付けないで、英文を作ろうとするとどうしても間違った英文を書
いてしまうことになる。例えば、「彼はよく僕たちにおもしろいことを
話してくれる。」を He often talks to us interesting things.、「海をきれ
いにする必要がある。」を It is necessary to the sea to clean. などと書
く生徒がいる。

③　多読を心がける

　よりすぐれた英文が書けるようになるためには、やさしい英文を多く
読むことが大切である。たくさんの英文を読み、その中で学んだ表現を
自分の書く英文の中で利用する。そのためには、自分で使えると思われ
る英文を見つけたら、ノートなどに書き留めておく必要がある。そのよ
うな文に出会うごとに書き取っていると、ストーリーが楽しめなくなる
ので、印を付けるか、付箋紙を貼っておくなどしておいて読み終えてか
らまとめてノートすればよい。

④　モデル文の暗唱に努める

　基本文型をマスターすることが大切なのはもちろんであるが、ひとま
とまりの文章を暗記することも大切である。いろいろなテーマの50〜
100語から成る英文を繰り返し音読して、暗唱できるようにしたい。文
章の展開の仕方が分かり、自由英作文を書くときにその構成法の参考に
なる。

⑤　最初から英語で書く

　まとまった英文を書くとなると、まず日本語で書き、それを英訳しよ
うとする生徒がいる。日本語から英語に直そうとすると、どうしても日
本語にこだわり難しい表現を用いなくてはならなくなり、不自然な英文

第9章 書くことの自己研修と学習

になりがちである。下書きなしで、最初から英語で書く習慣をつけることである。最初はたいへんに思われるかもしれないが、何回か経験を積めばしだいに慣れてくるはずである。

　自由英作文を書くテーマは、英語Ⅰ、Ⅱにおいてもいろいろ見つけることができると思うが、ライティングの教科書には、はっきりとテーマが示されているものが多い。自分でテーマを選ぶのであれば、身近で具体的なものから、しだいに一般的で抽象的なものへと進んでいくべきであろう。ライティング教科書のテーマ例と、勤務校生徒の修学旅行についての英作文を以下に示す。

私の名前、好きな本、私の趣味、学校紹介、私の学校の部活動、私の住む町、好きな音楽、夏休みの思い出、修学旅行や遠足の感想、将来の夢、環境問題、地雷の現状とその除去について
My Favorite Manga, My Weak Points, Town Where I Want to Live, Things Japanese, The Japanese Dietary Habit, My Cross-Cultural Experiences

---

Our School Trip

On October 29th our school trip, one of the biggest school events, started. On that day, we left Kawanoe for Hakone. Though we spent the whole day traveling, I was impressed by Mt. Fuji when I saw it through the bus window for the first lime. On the second day, we left Hakone for Tokyo Disneyland, which everybody had been looking forward to visiting. There were parades and I enjoyed myself all day. On the third day, we had a free day to explore by ourselves. We had to make a plan for everything and felt uneasy in unfamiliar places, but by helping each other we could see everything we wanted to. On the fourth day, we paid a visit to the Imperial Palace, Edo Tokyo

Museum and Tokyo Tower. We returned to Kawanoe and the school trip ended. Through this trip, I discovered many new things and could broaden my experience. And I realized the importance of friends. I think this trip became a very significant and wonderful memory for me.

7　英語ニュースのディクテーション 50 年

　ディクテーションは評価の手段として、また、学習活動として古くからよく知られ、広く用いられてきたが、正確な聴解力の養成、記憶幅の増大、基礎的な発表力の養成などいろいろな利点があると言われている。

　このディクテーションを私が初めて経験したのは、大学の専門課程に進んだときのように思われる。初めて native speaker の先生に英語を教わることになった。「英国事情」という授業であったと思うが、毎回 100 分の授業のおよそ半分はディクテーションであった。先生が英文を読まれ、我々がそれをノートに書き取り、その後先生が答えを板書し、説明を加えておられた。そのディクテーションという活動が気に入っていつ頃からか、ラジオの NHK 第 2 放送の英語ニュースをテープに録音し、それを聞きながら、自分一人で書き取りをするようになった。まだ、カセットテープなどなくオープンリールの時代で、何度も巻き戻して聞き直しているうちにテープが切れてしまったりすることもあった。

　書き取るのはニュースのほんの一部だけであるし、毎日というわけでもないが、ともかくそれ以来 40 年近く経った今も同じ活動を続けている。NHK テレビで bilingual の放送が始まってからはかなりの期間そちらを書き取っていたが、今はまたラジオのニュースに戻っている。古いノートは残っていないが、ずっとノートのリーフに番号を付けているので、何ページ書いたかは分かるようになっている。2000 年末に 2000

枚、4000 ページを目指し、これを達成した。そのノートを全部集めれば 50 冊を越えるのではなかろうか。今もゆっくりとしたペースではあるが継続している。この活動が自分の英語力にどれだけプラスになったかは分からないが、時事英語の語彙力の向上には役立ったはずである。plenary session, interpellation, allegedly などはこの書き取りの活動によって身に付けた語彙である。何度聞き直しても何を言っているのか分からないというようなことも少なくなったように思われる。

8 ディクテーション活動再考の必要性

　コミュニケーション重視の現在の英語教育界においては、読まれた文をそのまま書き取るディクテーションという活動はあまり人気がないようである。しかし、音声とスペリングを正確に結び付ける練習として有効であると思う。また、読まれた英文を書き取っていて、どうしても思い出せない部分は自分の英語で書くという dicto-comp は十分コミュニケーション活動に通じると思う。

　評価の手段としてのディクテーションをあまり評価しない言語教育学者もいるが、近年は言語技能を総合的に測る integrative test として見直されている。英語という言語を文法、発音、語彙などのようにその構成部分に分け、それぞれ個別に測定しようとするのが discrete-point test であり、ディクテーション、クローズ・テスト、エッセイ・テストなどのように言語技能を総合的にテストしようとするのが integrative test である。

　ディクテーションを古いものと考えるのではなく、学習活動の一つとして、また、評価の手段として、新しい視点からもう一度見直してみてはどうだろう。

9 おわりに

　英文日記にしろ、ニュースの書き取りにしろ、1日に費やす時間はわずかである。英作文の投稿は月に一度であるからこれもそんなに時間的に負担になるものではない。しかし、30年以上続けてそれにかけた時間を合計すると相当なものになる。その時間をもっと有効に活用できたのではなかろうかという思いもあるし、もっとレベルの高い学習方法はなかったろうかと自問自答し、情けなくなる時もある。しかし、これらのことを何もやらなかったら、今の乏しい英語力さえ身に付けることができなかったのではないか、このような活動を続けてきたからこそ高校の英語教師として何とかやってくることができたのだと前向きに考えたいと思う。「継続は力なり」は、ただ続ければ力がつくというものではなく、自分がやっていることを常に反省し、目標に向かってより効果的な方向へと軌道修正を行いながら進んでいかなければ、効果は少ないということは学び取れたように思う。

第10章　小学校の英語学習と語彙

　筆者はずっと高校で英語を教えてきたが、小学校の英語学習にもやはり関心があり、新聞に投稿した。

小学校で「英語好き」育てて

◇平成23年度から小学校において正式に外国語の指導が開始される。多くの小学校で英語の指導が始まるものと思われるが、その指導に望みたいのは英語嫌いをつくらないことである。好きになれば、積極的に授業に取り組むであろう。

◇授業以外でもテレビなどで自主的に学習活動に取り組み、英語力をつけることができる。各地で教員の研修が行われ、テキストも完成しているようである。文科省が作成した「英語ノート」を活用して、英語大好きの子供を育ててほしい。5年生用のテキストのイメージは「メルヘン」、6年生用は「ファンタジー」とし、言語を通して夢のある世界へ導いてくれそうである。

◇CDはもちろん、電子黒板用ソフトや小学校外国語活動サイトも準備されつつあり、楽しく充実した指導ができそうである。このような教材を活用して、中学校の英語指導とも連携し、最大の成果をあげてほしいものである。

愛媛新聞　2008. 9. 7

　平成23年度より、小学校において新学習指導要領が全面実施され、5、6年生で年間35単位時間の「外国語活動」が必修化された。小学校の外国語活動と中学校英語での語彙数がどう変わったかを概観し、小学校と中学校の連携を考えてみたい。

平成 23 年度から、『英語ノート』に代わり新教材の *Hi, friends!* が配られた。しかし、5 年生の「世界のいろいろな言葉で挨拶しよう」から、6 年生の終わりの「夢宣言をしよう」まで、各単元の内容や取り扱う表現、使用されている語彙がほぼ変わっていないという。

　異なっている点は、アルファベットの大文字が、『英語ノート 2』の Lesson 1 で扱われていたが、*Hi, friends!* 1 の Lesson 6 に前倒しされたという。また、*Hi, friends!* 2 の Lesson 7「オリジナルの物語を作ろう」では、吹き出しの中のせりふを入れる形で、教材の中に初めて英文を示している。従来、文科省では、「アルファベットなどの文字の指導については、例えば、アルファベットの活字体の大文字及び小文字に触れる段階にとどめるなど、(中略)児童に対して過度の負担を強いることなく指導する必要がある」と説明している。

　また、*Hi, friends!* は『英語ノート』に比べて分量が 2 / 3 になったと言われているが、実際に、ページ数が 5・6 年生用とも、80 ページから 56 ページに減った。しかし、下の表のとおりに、音声スクリプトで使用されている異なり語数を数えると、JACET8000 の換算で 409 語となる『英語ノート』で固有名詞を除いた語数は、中條・西垣・宮崎 (2009) の調査では 386 語であった。教科書の分量は減ったが、異なり語数は減っていないことになる。音声スクリプトで 6 回以上使用されていれば、「音声を聞いて意味を理解できる単語となる」とあえて仮定すると、小学校で身につけられる単語は 116 語になるという。(『英語教育』2013 年 2 月号)

表　*Hi, friends!* 音声スクリプトの異なり語数

	Book 1	Book 2	Book 3
異なり語数	241	291	409

＊123 語は、2 冊に共通して使用されている。

　ところで、毎日新聞 (2015. 5. 18) には、英語の早期教育について次のような記事が載っている。

第10章　小学校の英語学習と語彙

　子どもへの英語教育が変わりつつある。国は小学５年から英語を正式教科とする方向で検討を始めており、「アジアトップクラスの英語力を目指す」と意気込む。小学１年から英語の教科化に乗り出した市も出始めた。さらに、保育所にALT（外国語指導助手）を派遣し、幼いころから英語に親しむ機会を用意する地域もある。「『早ければ早いほどよいはず』と焦る必要はない」と語る識者もいるが、教育委員会の担当者らは「英語で積極的に交流する子どもを育てたい」と強調している。

　文部科学省は英語教育の改革に乗り出している。文科省の有識者会議は
・小学校５年から英語を正式教科とする
・現在は小５年から始めている教科外の「外国語活動」を小学３年から始める。
・2019年度までに全公立小学校（約２万校）にALTを配置する－などを提言した。
　文科省、小学校英語の授業時間数など具体策を検討したうえ、18年度から部分的実施を目指している。
　また、このような国の動きを先取りする自治体もある。
・さいたま市は、小学１年から英語を正式教科とする方針を打ち出した。
・岐阜市は今年度から、私立小47校中46校で１年から英語を正式教科にした。
・佐賀県玄海町は、ALTが町立の保育所や小学校に出向き、園児と低学年の児童に「生の英語」を教える訪問授業を昨年度から続けている。
　さて、小学校の段階で身につけておきたい語彙を児童検定の問題集を参考に次にあげておく。これらを実際の場面で使ってみることにより身に付けていきたい。

165

町で見かけるもの

bicycle（自転車）, bridge（橋）, bus（バス）, bus stop（バス停）, car（自動車）, drugstore（薬局）, fire station（消防署）, hospital（病院）, library（図書館）, movie theater（映画館）, park（公園）, police station（警察署）, post office（郵便局）, restaurant（レストラン）, school（学校）, street（通り）, supermarket（スーパー）, traffic light（信号機）, train（電車）, train station（駅）

家の中で見かけるもの

bed（ベッド）, bedroom（寝室）, bookshelf（本棚）, calendar（カレンダー）, candle（ろうそく）, chair（いす）, curtain（カーテン）, door（ドア）, guitar（ギター）, kitchen（台所）, living room（居間）, mirror（鏡）, piano（ピアノ）, picture（絵）, sofa（ソファ）, table（テーブル）, telephone（電話）, television（テレビ）, toilet（トイレ）, window（窓）

様子を表す言葉

angry（怒っている）, big（大きい）, clean（清潔な）, cold（寒い）, cool（涼しい）, dirty（汚い）, fast（速い）, happy（幸せな）, hot（暑い）, hungry（空腹な）, light（軽い）, sad（悲しい）, short（短い）, sleepy（眠い）, slow（遅い）, small（小さい）, tall（背が高い）, thick（厚い）, thin（薄い）, tired（疲れた）, warm（暖かい）

仕事を表す言葉

actor（俳優）, artist（芸術家）, baseball player（野球選手）, bus driver（バスの運転手）, cook（料理人）, dancer（ダンサー）, dentist（歯医者）, doctor（医者）, engineer（技術者）, farmer（農場主）, firefighter（消防士）, nurse（看護師）, pianist（ピアニスト）, pilot（パイロット）, police officer（警官）, scientist（科学者）, singer（歌手）, soccer player（サッカー選手）, teacher（教師）, tennis player（テニス選手）

第10章　小学校の英語学習と語彙

アルファベットで始まる言葉

ant.（アリ），bananas（バナナ），camera（カメラ），dolphin（イルカ），egg（卵），frog（カエル），grapes（ブドウ），horse（馬），ink（インク），jacket（上着），kangaroo（ガンガルー），lion（ライオン），monkey（サル），necklace（ネックレス），orange（オレンジ），penguin（ペンギン），queen（女王），ribbon（リボン），scissors（はさみ），tomato（トマト），umbrella（かさ），vase（花びん），watermelon（スイカ），x-ray（レントゲン），yellow（黄色），zebra（シマウマ）

初出誌一覧

第1章　コミュニケーション能力を高める語彙指導
　　　国際教育協議会上級職認定プログラム M.A.TEJL 授与論文（2000.8.16）
　　　に加筆修正
第2章　英字新聞を活用したリーディング指導
　　　『四国英語教育学会紀要』第 20 号（2000.6.1 発行）
第3章　英字新聞の見出しと略語の指導
　　　『四国英語教育学会紀要』第 21 号（2001.6.1 発行）を改題
第4章　意味のネットワークを考えた語彙指導
　　　『四国英語教育学会紀要』第 15 号（1995.3.15 発行）
第5章　意味のネットワークによる語彙の整理と拡大
　　　『四国英語教育学会紀要』第 16 号（1996.3.20 発行）を改題し、加筆
第6章　パズル・ゲームを用いた語彙指導
　　　『四国英語教育学会紀要』第 23 号（2003.11.1 発行）に加筆
第7章　環境教育と英語の指導
　　　本書初出
第8章　高校入門期における辞書指導
　　　本書初出
第9章　書くことの自己研修と指導
　　　本書初出
第10章　小学校の英語学習と語彙
　　　本書初出

参考文献

Abdullah, Khairi lzwan (1993), "Teaching Reading Vocabulary: From Theory to Practice." *English Teaching Forum,* 31, 3, 10-13.

Allen, Virginia French (1983), *Techniques in Teaching Vocabulary.* Oxford: Oxford University Press.

Canale, M. and Swain, M (1980), "Theoretical Bases of Communicative Approaches to Second Language and Teaching and Testing." *Applied Linguistics.* 1:1-47.

Ellis, G. and B. Sinclair (1989), *Learning to Learn English.* Cambridge: Cambridge University Press, 36.

Gairns, Ruth and Redman, Stuart (1986), *Working with Words.* Cambridge: Cambridge University Press.

Krashen, S.D. and T.D. Terrell (1983), *The Natural Approach: Language Acquisition in the Classroom.* Hayward: Alemany Press.

McCarthy, Michael (1990), *Vocabulary.* Oxford: Oxford University Press.

Nation, I.S.P. (1990), *Teaching and Learning Vocabulary.* Boston: Heinle & Heinle Publishers.

Stockdale, Joseph (1994), "Reinforcing Vocabulary: Writing Analogies." *English Teaching Forum,* 32, 2, 44-45.

Wallace, Michael (1982), *Teaching Vocabulary.* London: Heinemann.

White, Cynthia J. (1988), "The role of Associational Patterns and Semantic Networks in Vocabulary Development." *English Teaching Forum,* 26, 4, 9-11.

相原宏美 (1997),「基礎からの語彙指導［実践編］ 6 リスンニング指導におけるカタカナの効用」『現代英語教育』34, 6, 46-47.

阿部義明・桝田啓介 (1988),『英字新聞を読むための表現辞典』, 東京：語学春秋社.

市川繁治郎 (編) (1995),『新編英和活用大辞典』, 東京：研究社出版.

井上義昌 (編) (1966),『詳細 英文法辞典』, 東京：開拓社.

江利川春雄 (2002),「英語教科書の 50 年」『英語教育』2002 年 5 月別冊 51, 3, 31.

大下邦幸 (編著) (1996),『コミュニケーション能力を高める英語授業 理論と実践』, 東京：東京書籍.

大塚恵子 (1997),「生徒の語い力を伸ばす口頭導入の在り方」『愛媛県総合

教育センター教育研究紀要』第63号，35.

景浦攻（1996），『新学力観に立つ英語科の授業改善』，東京：明治図書.

河合塾／全国進学情報センター（2002），『平成14年度新教育課程分析資料集』，440.

川尻武信（1996），「コミュニケーション活動と語彙の問題」『楽しい英語授業』7号，東京：明治図書，22-23.

久保野りえ（1996），「基礎からの語彙指導［2］コミュニケーション活動は語彙指導に役立つか」『現代英語教育』34，2，48-49.

小寺光雄（1996），「英字新聞を利用したコミュニケーション活動」大下邦幸（編著）『コミュニケーション能力を高める英語授業　理論と実践』，東京：東京書籍，265-268.

小林功（2003），「入試の英単語と学習法を巡って」『英語通信』No.33，東京：大修館書店，8.

小林敏彦（1994），『ニュース英語・英字新聞／ヘッドライン単語集』，東京：明日香出版社.

島岡丘（1996），「『聞き取り能力』をどうつけさせるか」『英語教育』45，4，8-9.

杉山多恵（1997），「環境を守る法律（環境法制）はどのように変わってきたか」『教職研修6月増刊号『総合的な学習』の実践No.2　環境教育の考え方・進め方』，東京：教育開発研究所，10-11.

鈴木善次（1997），「日本の環境教育の動向はどうか」『教職研修6月増刊号『総合的な学習』の実践No.2　環境教育の考え方・進め方』，東京：教育開発研究所，16-17.

鈴木孝夫（1999），『日本人はなぜ英語ができないのか』，東京：岩波書店.

全国ボランティア活動振興センター（編）（1995），『学校における福祉教育ハンドブック』，全国社会福祉協議会，77-78.

高梨庸雄・高橋正夫（1987），『英語リーディング指導の基礎』，東京：研究社出版.

竹蓋幸生（1982），『日本人英語の科学』，東京：研究社出版.

竹本俊穂（1996），「コミュニケーション活動を豊かにするための語彙指導」大下邦幸（編著）『コミュニケーション能力を高める英語授業　理論と実践』，東京：東京書籍，175.

田島英治（1995），「英字新聞を使ったリーディング指導——NIEで生き生きした授業——」『英語教育』45，9，23-25.

田島穆（1993），「第8章　ヒアリングの指導　8．4．6　総合的学習の必要性C．書き取り」小池生夫（編）『英語のヒアリングとその指導』，

東京：大修館書店，276.

谷口賢一郎（1992），『英語のニューリーディング』，東京：大修館書店.

中條清美・長谷川修治・竹蓋幸生（1993），「日米英語教科書の比較研究から」『現代英語教育』29，12，14-16.

筑波大学附属高等学校外国語科（2002），『辞書指導について考える』（2002年度第52回　高等学校教育研究大会教科分科会（英語）資料）.

天満美智子（1989），『英文読解のストラテジー』，東京：大修館書店，9.

中尾清秋（1991），『英文表現の基本と実際』，東京：研究社出版.

長瀬荘一（1997），「パズル・クイズと英語の学習」『楽しい英語学習　11号　学習パズルわんだーらんど』，東京：明治図書，6-7.

新里真男（1992）、「語彙指導」『英語科教育実践講座　第13巻　コミュニケーション能力と入学試験』，東京：ニチブン，200-201.

西澤正幸（2003），「語彙数はどれだけ必要か？」『英語教育』52，7，8-10.

根岸雅史（1992），「オーラル・コミュニケーションの指導法［第18回］リスニングのつまずき──診断とその治療」『現代英語教育』29，6，東京：研究社出版，45.

羽澄栄治（1971），「Dictationを考える」『現代英語教育』7，10，27-29.

羽鳥博愛・松畑熙一（1980），『学習者中心の英語教育』，東京：大修館書店.

本間大彌（1984），「第4章　第4節　語いの調査と分析」財団法人　教科書研究センター（編）『教科書からみた教育課程の国際比較　6　英語科編』，193-198.

松浦明（1999），「英字新聞はおもしろい──その効果的活用法を考える──」『The Eiken Times　9月号別冊　STEP'99英語情報9・10』，22.

松本茂（1993），「英語を読むコミュニケーション」日本コミュニケーション学会　橋本満弘・石井敏（編）『英語コミュニケーション理論と実践』，東京：桐原書店，153.

毛利公也（1994），「読解力を高める語彙指導」『愛媛県立川之江高等学校研究紀要』第10号，36.

望月正道（1997），「基礎からの語彙指導［実践編］　1　ペアワークでの語彙指導」『現代英語教育』34，1，38-39.

文科省（1999），『高等学校学習指導要領解説　外国語編　英語編』，東京：開隆堂出版，141.

八島等（1997），「基礎からの語彙指導［実践編］　8　スピーチにおける語彙指導」『現代英語教育』34，8，50-51.

山本敏子（2000），「速読指導と多読指導」高梨庸雄・卯城祐司（編）『英語リーディング事典』，東京：研究社出版，288.

吉田文典（1997），『授業に使える英語パズル・雑学教材 114』（「英語授業改革双書」No.15），東京：明治図書.

著者紹介

毛 利 公 也（もうり きみや）

1944（昭和19）年4月8日	愛媛県生まれ
1967（昭和42）年	愛媛大学教育学部中学校教員養成課程卒業
1967（昭和42）年〜	愛媛県立新居浜工業高等学校勤務
1972（昭和47）年〜	愛媛県立三島高等学校勤務
1982（昭和57）年〜	愛媛県立新居浜西高等学校勤務
1994（平成6）年〜	愛媛県立川之江高等学校勤務
2005（平成17）年〜	愛媛県立川之江高校英語科非常勤講師
2010（平成22）年〜	愛媛県立川之江高校就職活動支援員
2014（平成26）年〜	愛媛県立川之江高校スクール・ライフ・アドバイザー
2015（平成27）年〜	著述業

著書 『高校生の留学と教育の国際化』（非売品）
　　　『国際化をめざし生徒とともに歩む英語教育』（京都修学社）
　　　『ちりも積もれば―わが半生』第1巻（愛媛新聞サービスセンター）
論文 「日本文化と国際化教育」（第10回「金子賞」懸賞論文）
　　　"International Understanding and Teaching of English: Contributions by Japanese Exchange Students,"ARELE vol. 1　ほか

英語の語彙学習　あの手この手
2015年8月15日発行

　　　　　　　著　者　毛利 公也
　　　　　　　　　　　四国中央市川之江町2315-6
　　　　　　　発行所　ブックウェイ
　　　　　　　　　　　〒670-0933　姫路市平野町62
　　　　　　　　　　　TEL.079（222）5372　FAX.079（223）3523
　　　　　　　　　　　http://bookway.jp
　　　　　　　印刷所　小野高速印刷株式会社
　　　　　　　　　　　©Kimiya Mohri 2015, Printed in Japan
　　　　　　　　　　　ISBN978-4-86584-041-4

乱丁本・落丁本は送料小社負担でお取り換えいたします。

本書のコピー、スキャン、デジタル化等の無断複製は著作権法上での例外を除き禁じられています。本書を代行業者等の第三者に依頼してスキャンやデジタル化することは、たとえ個人や家庭内の利用でも一切認められておりません。